本书系国家哲学社会科学基金项目成果，
批准号：11BXW007

Research on newspaper quality evaluation system

报纸质量评价体系研究

肖云 著

新 华 出 版 社

图书在版编目（CIP）数据

报纸质量评价体系研究 / 肖云著 —北京：新华出版社，2018.8

ISBN 978-7-5166-4279-5

Ⅰ. ①报… Ⅱ. ①肖… ①报纸—新闻编辑—质量管理—研究
Ⅳ. ①G213

中国版本图书馆CIP数据核字（2018）第196209号

报纸质量评价体系研究

著　　者： 肖　云

责任编辑： 蒋小云　　**封面设计：** 李尘工作室

出版发行： 新华出版社
地　　址： 北京市石景山区京原路 8 号　　**邮　　编：** 100040
网　　址： http：//www.xinhuapub.com
经　　销： 新华书店
新华出版社天猫旗舰店、京东旗舰店及各大网店
购书热线： 010-63077122　　**中国新闻书店购书热线：** 010-63072012

照　　排： 李尘工作室
印　　刷： 北京市文林印务有限公司
成品尺寸： 170mm × 240mm
印　　张： 12　　**字　　数：** 216千字
版　　次： 2019年1月第一版　　**印　　次：** 2019年1月第一次印刷
书　　号： ISBN 978-7-5166-4279-5
定　　价： 42.00元

自序

preface

本书是国家哲学社会科学基金项目“报纸质量评估体系研究”的最终成果，成果的诞生，很大程度上得益于本人曾经在中国第一家都市报——《华西都市报》担任过每日报纸质量评价的负责人。2004年初我离开华西都市报，其时一直想花点儿时间来整理一下自己的评报心得，只因忙于生计和贪玩儿的习性难改，迟迟没有动笔。后来，国家哲学社会科学基金以此为题进行招标，我侥幸中标，这就倒逼我不得不坐下来，系统地思考这个问题。

最初，满以为凭自己丰富的评报经验和理论思考，对这个课题驾轻就熟、可以一蹴而就。临案援笔，才觉得茫无头绪：经验是一回事，把经验演绎成为一个系统的理论则是另一回事。课题申报的时候，因为报纸可以视为一种精神服务，所以就直接运用了现成的服务质量评价理论来设计课题的研究思路，就是衡量顾客感知的服务绩效与期望的服务质量之间的差距。然而，我并没有发现其时早就已经有人运用这一理论对报纸服务质量进行过一次评价实践了，而且其结果只具有娱乐价值（参见本书第七章），证明运用现有服务质量评价方法去评价报纸这种精神产品的质量是根本行不通的。

怎么办？我又想，报纸既然是一种精神产品，对其质量的评价应该遵循精神产品的生产和接受规律吧？但检索相关文献，才发现有关精神产品质量评价的研究几乎是一片空白，想找到一星半点可以给予启发的思想和成果，完全是一种妄想。也许人类精神生产和消费都因人而异，试图对任意一类精神产品建立一个具有普适价值的质量评价系统，并不是一件容易的事。

去看看有关质量评价的历史或有所获？但结果同样令人失望。19世纪末至今质量评价经过了三个阶段，第一个阶段主要是检验成品的“合格率”。

随着概率统计技术的成熟和广泛运用，第二个阶段发展为统计控制阶段的“持续合格”。第三个阶段，科学技术的发展使产品提高到了百分之百的合格率；加之营销理论的成熟、服务业的勃兴，顾客满意度成为了评价标准。但是这些评价都只是针对物质产品或者服务而建立起来的，没有任何针对精神服务质量评价的文献。物质主义时代人类这种“见物不见神”的评价行为可以理解，但进入后物质主义时代这个问题依然鲜有人关注，则颇令人费解：要么是人类不经意的忽略，要么是知难而退。

于是我汗如雨下，仿佛掉进一个荒无人烟的深谷，几入绝望之境。

绝境之中，我又重新回到人类精神产品的生产和消费这个问题上来思考。我认为，精神产品的生产首先是根据人类以往累积的历史经验、文化和价值观念来预设的，最高的标准就是真、善、美，人们喜欢什么、不喜欢什么，什么是真的、什么是道德的、什么是美的，这些东西已经在人类历史长河中形成。具体到某一个群体，这些基本的人类价值观念依然是不变的、适用的，改变的只是表现这些属性的具体的产品，从报纸来说，这种具体的产品就是新闻（报纸当然还有其他精神产品，但离开了新闻，报纸就有名无实；而有了新闻，即使没有其他任何精神产品，对报纸成为报纸也没有丝毫影响）。而新闻还仅仅只是真善美下面的一个二级概念，究竟传播哪类新闻，对不同的报纸来说还有不同的定位，这就需要事先通过科学的市场调查研究、根据假设的读者群的要求来预设，然后，凭借这个预设来生产新闻。而评价报纸的质量，就是基于真善美的前提，评价报纸本身所提供的服务商品新闻的质量。如果按照一般服务质量评价理论那样衡量感知绩效和期望质量之间的差距，对于精神产品的评价来说很可能是准的无依。从受众理论的角度看，报纸读者对报纸新闻内容可以有三种解码方式，那就是“支配—霸权立场”“协商代码或协商立场”“对立码立场”（斯图亚特·霍尔），其实除了这三种以外，还有“反解码”（站在与传播者意图完全相反的角度来解读）、“异质同构解码”（与传播内容本来的意义完全不同、但心理体验一致），等等。此外，根据个体差异论、社会类型论、社会规范论、社会文化论，还有使用—满足论、媒介依赖论、媒介涵化论等诸多受众理论，受众怎么接受媒介信息，怎么才叫得到了满足，是一个不易证实的问题。也就是说，报纸出版以后，读者怎么感知报纸的绩效，与期望一致的程度如何等根本就难以把握，因此，如果从已有的服务质量理论出发，从读者的角度去衡量报纸质量，恐怕不会获得什么满意的效果。

正因为如此，所以本书围绕真善美的逻辑原点，以报纸新闻文本的质量评价作为报纸质量评价出发点，演绎出了整个评价体系。

上面的这个思想过程书中并没有完全清晰的呈现，借着写序的机会给予陈述，好让读者诸君更明白本书的思路。

特此为序。

肖云

2018仲夏于草堂南侧浣花溪畔“者也居”

目录
contents

第一章 绪论

1.1 研究意义

传媒产品是一种有着巨大精神能量的产品，这种产品对于政治、经济、军事、文化和社会都能够产生很大的影响。产品传播范围越大、接受人数越多、影响越大。即使对于那些没有直接接触传媒产品的人或者群体，他们也无法避免媒介外部性所产生的溢出效应的影响。因此，全面评价传媒产品质量，引导和监督传媒朝着有利于社会发展的方向从事传播活动，对于传媒健康发展和传媒管理来说，意义重大。

印度是世界耕地面积第二的大国，农业曾经以传统的小生产单位为主，生产效率低下；而且由于传统的耕作方式和习惯阻力很大，新生产技术和信息的推广与传播十分困难。1947年印度独立以后，曾经实行“农业绿色革命”发展战略，但收效甚微，于是印度政府决定发挥传媒的作用。他们把农业专家、农业管理人员的指导与大众传媒的作用结合起来，利用传媒的力量来推动农业发展。政府通过直接投资，实施“半导体革命”，进行大众媒介的普及。到1973年12月，印度使用各种收音机的农民达到1.5亿。媒介的传播逐渐改变了印度农民的耕作习惯，大大促进了农村的现代化水平。[1]在军事方面，英国国际事务和媒介研究专家苏珊·L·卡拉瑟斯指出：“第一次世界大战中，外国传媒的宣传对打败德国起了很大作用，从而产生了很有影响的‘背后一刀’传奇。”[2]对于20世纪60—70年代，美国对越战争失败原因的总结，卡拉瑟斯引用了一个为多数人所接受的说法：“不管怎样，是电视让美国公众反对战争……是电视让美国在战争中失败。”[3]在政治方面，1972年，美国《华盛顿邮报》《纽约时报》《洛杉矶时报》《时代》等报刊对“水门事件”持续追踪报道，迫使美国总统尼克松于1974年8月8日辞职。在社会发展方面，阿根廷政府一直关注媒介在人从传统到现代的转型过程中所起的作用，他们把媒介视为社会变革的重要推力。阿根廷的媒介普及率相当高，很多阿根廷居民借由使用媒介培养起了适应现代社会竞争的性格，为国家发展提供了稳定的基础。2003年阿根廷实行经济复兴政策，很快得到人民的一致理解和大力支持。这就是媒介在社会发展中的强大力量。[4]

正因为如此，所以如何提高传媒产品的质量、更好地为社会发展服务，就成为传媒经营和传媒管理追求的重要目标。而要提高传媒产品的质量，建立科学合理的传媒产品质量评估体系就成了传媒研究中的重要课题。但是，由于在生产力不够发达的年代，精神产品生产和消费的比例都非常小，所以往哲先贤主要研究物质产品的质量评价问题，没有留下有关精神产品质量评价的系统理论。从大卫·李嘉图的经济理论、马克思的劳动价值学说到边际学派的效用学说，都没有对精神产品的质量评价、或者价值评估等问题，给出比较系统的见解。

尽管如此，近若干年来，人们还是不断地开展传媒产品质量评估的各种研究和实践，孜孜不倦地探索传媒产品质量评估的途径和科学方法，试图建立一个普适的、科学的评估体系。报纸，作为传媒家族中的古老成员，其质量及质量评价自然成为人们关心的一个重点。

1.2 研究现状分析

1.2.1 报纸质量的研究现状

新中国成立以来，人们对如何提高报纸质量，搞好报纸质量管理，开展了很多研究。通过“中国知网”，以“报纸质量”为主题进行检索，截至2017年6月20日查出相关论文共有1754篇；以“报纸质量”为篇名进行检索，同一时间段一共有124篇。一些媒介研究的专著也往往涉及报纸质量及其评估问题。但总的来看，这些文献对“质量”概念的使用大多是不够严谨的，通常都是从“质量”的日常语义出发来讨论报纸质量，从而使相关讨论的经验性有余、而科学性不足，对报纸质量评估体系的建立没有多少实质性的参考价值。

以1995年新闻出版署《报纸质量管理标准》（试行）的颁布作为分界线，1995年以前谈报纸质量的论文共有23篇，其中80年代以前的二十多年仅仅只有4篇。1958年1篇《插红旗 提高报纸质量的关键》，1960年1篇《把宣传毛泽东思想作为提高报纸质量的总纲》，这两篇讨论的重点都是报纸如何讲政治、或者说提高报纸质量的指导思想。1959年1篇《提高报纸宣传的质量》，1962年1篇，篇名是《问题在于提高质量——对报纸上理论宣传的感想》，这两篇讨论的都是报纸宣传的质量。虽然这4篇论文标题上都有“报纸”“质量”的概念，内容上显然并没有真正论及“报纸质量”问题的本体。

改革开放初期，这个状况并没有得到改观，整个80年代只有3篇讨论报纸质量问题。这3篇，或谈提高广告质量（1980年，《不断提高广告质量》），或谈新年工作设想（1987年，《“两头”上水平 报纸上质量》），或谈内容增减与舆论引导的关系（1989年，《提高报纸质量 加强舆论引导》）。依然没有一篇直接就报纸质量来讨论报纸质量。

报纸的本质是报道新闻。然而，80年代以前，媒介基本上是“阶级斗争的工具”，由于生怕触犯了政治禁忌，所以，鲜有对报纸质量进行直接研究的。改革开放以后、80年代前期，媒介依然唱的是“工具论”的主调。80年代中后期，媒介普遍兴起搞服务报道，但服务类报道大多不是什么新闻，主要是一些致富信息、技术信息、产品信息，或者生活服务方面的知识。除了服务类报道以外，就是报纸“周末版”大行其道。周末版的核心是娱乐读者，基本上也没有什么新闻，主要刊登一些可读性很强、A市B君之类往往查无实据的新闻故事，或者对历史进行新解，或者公开一些秘闻，等等，报纸完全杂志化了。可以说，整个80年代，中国的报纸都始终没有回到以新闻为本的正轨上来，在这种情况下讨论报纸质量自然也就无从谈起。

进入90年代《报纸质量管理标准》颁行以前，谈报纸质量的文章相对多了起来，特别是1992年邓小平南行讲话以后更多。其中1994年达到7篇。1995年新闻出版总署颁行了《报纸质量管理标准》，当年有关报纸质量管理的论文达到11篇。但这并不是说报纸新闻也多了起来、报纸成为了报道新闻的媒介。标志性的事件就是，1991年第一届中国新闻奖居然评不出一篇可以获得一等奖的消息，而且这种情况一直持续到1995年前，有些年份甚至连消息二等奖也评不出来。期间，有关报纸质量的论文，1992年有2篇谈报纸编校质量。1993年也有2篇，1篇谈编校，一篇谈印刷。1994年猛然增加到7篇，除了编校1篇、印刷3篇以外，谈报纸增刊、言论、周末版的各一篇。从内容显然可以看出，这些论文所讨论的依然不是报纸质量的本体，而只是与报纸质量有关的某一个侧面，研究报纸如何提高新闻质量的论文一篇都没有。

为什么1994年开始谈论报纸质量的论文数量大大增加了呢？那是因为90年代以来，我国报纸的数量和品种都逐渐增多、报业市场化进程加快。90年代初一大批新型晚报出现，90年代中叶又诞生了一大批都市报，还有很多名称上没有晚报、都市报字样，但实质上都是走晚报、都市报办报路线的报纸，如商报。所谓晚报都市报办报路线就是报纸要以新闻报道为主。在激烈的市场竞争面前，市场化、大众化的报纸只有以“新闻”为本位，靠质量求发展，才能在竞争中立于不败之地。在这种情势下，讨论报纸质量的论文就自然多了起来。整个90年代谈论报纸质量的论文，一共有56篇；而从2000年到2010年总数则达到了164篇，十年增加了两倍。

从内容看，几十年来这些讨论报纸质量的论文主要是就报纸的内容和形式，诸如舆论引导、宣传艺术、报道技巧，或者栏目运作、改扩版等与报纸质量有关的某一个方面，或者是就报纸质量管理行为，诸如评报、审读、印刷、编校、建立激励机制等某一个方面来讨论报纸质量，琐碎有余、系统性不足。从论文标题看，大多是偏正结构的句子，如1991年4篇的标题分别是：《以主要精力抓报纸质量》《强化好稿意识 提高报纸质量》《从抓评报入手提高报纸质量》《加强舆论导向 提高报纸质量》，报纸质量只是这些论文的

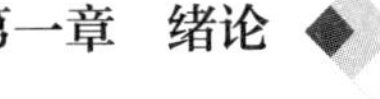

一个落脚点，内容的重点在标题的前面部分。

再看一下2000年的情况，这一年在迄今（2016年）为止的时间段里，相关论文的发表都是较多的年份，这些论文的题目如下（还有几篇是谈编校和印刷的没有列入）：

报纸周刊提高质量的途径

提高报纸质量 投身市场竞争

报纸质量竞争制胜的法宝

如何提高地市报质量

报纸质量是产业报经营的基石

提高报纸质量是新闻改革的硬标准

提高报纸质量 加强报业管理

调整办报思路 提高报纸质量

实施精品工程 提高报纸质量

月评报纸坚持不懈 办报质量稳步提高

建立评报制度 提高报纸质量

浙江日报以三个促进提高报纸质量

这些论文有的谈提高报纸质量的意义和重要性，有的谈提高报纸质量的方法和手段，有的谈提高报纸某一个方面的质量；而且都没有首先明确“报纸质量”究竟是一个什么东西、它包括哪些方面、衡量报纸质量的标准是什么等。

从学术水平来看，以工作层面、业务层面的体会和经验为主，学理层面的研究几乎寥若晨星。从新中国成立以来，到2011年为止的60余年里，只有6篇论文直接正面讨论报纸质量，依次是郑焕祯《对报纸质量问题的思考》（1996）、叶青《全面质量管理在报纸质量管理中的运用》（2006）、巢建新《如何构建报纸质量保障体系》（2006）、朱伟峰《全面加强质量管理 树立科学的报纸出版质量观》（2006）、姚子珩《关于建立报纸质量评估体系的思考》（2007）、朱伟峰《关于提升报纸质量的对策研究》（2007）等。但从严格的“质量”概念出发来探讨报纸质量问题的论文依然没有；把有关报纸质量的各种要素整合起来，系统讨论报纸质量的文献更是凤毛麟角。

当然，对报纸质量的讨论也时见于报业经营管理、报业经济学等方面的专著，但专门、系统讨论“报纸质量”的专著、甚至专章，笔者都不曾看到。一些研究报纸个案的专著，也没有就该报的报纸质量问题辟专章来论述，而是散见于不同的章节。这些可能与报纸质量属于一个不大容易进行系统研究的对象有关。

1.2.2 报纸质量评估的研究现状

质量评估是质量研究中的重要课题。报纸质量问题的研究已如上述，这些成果自然要影响到对报纸质量评估的研究，如果质量问题没有研究好，质量评估研究自然也就不会有多高水平。事实上，截至2017年6月20日涉及报纸质量评估研究的文章只有4篇。分别是叶青的《全面质量管理在报纸质量管理中的运用》、巢建新的《如何构建报纸质量保障体系》、姚子珩《关于建立报纸质量评估体系的思考》、师晓娟等《媒介融合背景下报纸质量评估体系重构路径》（2015）。

评估或者说评价是对某一事物价值的判断。它们常常要涉及多个因素或多个指标，评价就是在多因素相互作用下的一种综合判断。评价的依据就是将客观事物自身的各个构成要素析出、形成的评价指标。一个评价过程涉及评价目的、评价对象、评价指标、权重系数、评价模型、评价者和评价结果等众多要素。而质量评估则依据对象的不同特性有不同的方法。在有形产品和服务两大商品类别中，报纸属于服务。制造业的产品质量标准主要是一种客观的物性标准，有些服务商品也有少量的物性标准，但更多的则是一种主观的感知标准，甚至全部都是感知标准。报纸作为一种精神产品，又有着不同于一般服务的双重属性和不同于其他媒体的个性。因此，对报纸质量的评价必须按照报纸的双重属性和特殊性来进行。另一方面，服务质量的本质是基于顾客感知的质量。顾客感知的服务质量等于顾客感知服务绩效减去顾客期望的质量。而报纸服务绩效则是通过政治质量、新闻质量、文化质量、广告质量、出版质量、发行质量，以及通过人员质量、过程质量、结果质量

（稿件质量、版面质量、版块质量和报纸的整体质量）等来反映的；通过全面质量管理体系、工作质量保障体系来实现的。而报纸所面对的并不是一个单一的读者群体，而是复杂多元的需求主体，同时满足这些主体期望的报纸才是高质量的报纸。对服务质量的评价，必须采取评估学的方法和技术，特别是系统综合评估方法，并吸收顾客感知服务质量评价SERVQUAL方法等来进行。而报纸作为一种精神产品，在使用上述方法的同时，还需要创造新的方法。

但是，前述四篇涉及“报纸质量评估”的论文，叶青归纳了影响报纸质量的5种因素以及构建报纸全面质量管理的有效机制，但是在提出“构建报纸质量评价体系”的时候，只是提出了组织哪些人来进行评价，而评价到底应该采用哪些评价指标、如何使用这些指标则没有论述。巢建新文章最有价值的部分是按照国际标准化组织制定的ISO9001质量标准提出了建立报纸质量保障体系所要做的一些工作，但作为一种精神产品的报纸是否适用这个标准、报纸如何与ISO9001标准对接则没有论述。姚子珩提出了判别报纸质量优劣的8个方面，而在如何评价时同样只是谈了如何组织评价工作，没有给出具体的指标体系和使用方法。师晓娟的文章虽然背景有所变化（媒介融合背景下），但内容并没有什么新意。

应该说，报纸质量主要是新闻报道的质量，所以，与“报纸质量”的研究相联系，若干年来，人们做了一些有关“新闻质量”及其评估的研究，价值较大的有《新闻传播绩效评估研究》（袁艳 申凡 当代传播，2004，6）《建立新闻评价体系 完善质量考核标准》（马艺 殷莉 新闻战线，2005，3）、《现代报纸新闻质量的规范化控制》（朱定波 城市党报研究，2007，5）等几篇文献。但这些文献有的仅仅提出了要进行新闻评价的问题，具体怎么操作则语焉不详，如马艺等就讨论了建立新闻评价体系的重要性，并提出了建立以“版面为中心”的管理机制这一解决方案，但具体怎么以“版面为中心”进行管理，则无下文。其他文献有的虽然涉及了评价指标体系的建立，但这些指标都有待进一步分解和量化。而且就报纸而言，其质量不仅仅只是新闻的质量（参见本书第五、六、七等三章）。

以上是从单篇论文的角度考察了有关报纸质量评估研究的情况。从研究专著来看，有一些著作没有贴“报纸质量评估”的标签而实质上涉及对“报纸质量评估”的研究，主要见于喻国明教授《媒介的市场定位》《大众媒介公信力测评研究》《解构民意》，它们分别涉及对报纸政治质量、产品质量要求、服务（发行）质量等的研究和评估。陈崇山等《媒介·人·现代化》，涉及报纸绩效、内容质量等的分析。赵彦华《媒介市场评估研究》，涉及报纸的经济质量（市场）评估。李增生《报纸采编考评研究》涉及报纸采编质量评估，并建立了评估的三级指标体系。赵曙光《媒介经济学》（第9章）涉及报纸市场业绩评估。但针对报纸质量评估提出一整套评估体系和评估方法、并建立起相应评价模型的同样没有。此外，尽管有关报纸（媒介）批评的研究成果多与报纸质量定性评估相关，然而，却没有人从定性和定量两个方面来思考如何建立报纸质量评估体系。

1.2.3 报纸质量评估的实践现状

多年来，人们不仅对报纸质量和质量评估进行了很多研究，实践探索也在不断地进行。

从“报纸质量评估”工作来说，1994年新闻出版署副署长梁衡在全国报刊管理工作会议上发表讲话《要研究报刊的质量管理》，并提出了报刊质量的6个方面。[5]1995年3月20日，新闻出版署制定并发布了《报纸质量管理标准》（试行）和《报纸质量管理标准实施细则》（试行）。该质量标准是为了便于管理部门对报纸的日常出版质量进行考核，并可作为对报纸年检、考评的依据，制定时参照了《报纸管理暂行规定》，更突出了质量要求和管理中的可操作性，是《报纸管理暂行规定》的补充。报纸出版如有违规行为，仍按照《报纸管理暂行规定》处理。各省级新闻出版局参照该标准及其细则制定和实施更符合本省市区实际的质量标准。凡是编入国内统一刊号的正式报纸都适用这个质量管理标准。

《报纸质量管理标准》（试行），对报纸质量管理使用抽查出版质量和限定最低发行量的评定方法，以确定报纸质量是否合格。出版质量的评价主要包括5个方面，并以百分制进行评定，即办报方针、宗旨、舆论导向（30分），报纸依法出版情况（20分），版面综合质量（包括内容的真实性，稿件的指导性、新闻性和时效性，版面容量，标题的质量，栏目设置符合办报宗旨和专业分工范围，文字校对、印刷质量，共30分），广告质量（符合广告法，10分），社会信誉质量（要在读者中建立良好的整体形象和必要的社会信誉，10分）。出版质量标准达不到60分的，即视为不合格报纸，应予停办。

对发行质量的评定是要求“发行量应达到与本报专业分工和读者对象范围相适应的水平”。并采取了最低发行量“质量一票否决”的方式来评定。报纸出版两年后就必须达到的最低发行量，如“中央、国务院各部委机关报、专业报3万份。省级及省级以下专业报、行业报2万份。晚报5万份。社会群体对象报纸：中央报纸5万份；地方报纸3万份。各类企业报纸1万份。各类生活服务类报纸5万份。各类文摘报纸5万份。”[6]等。对未达到最低发行量的报纸，均判定为质量不合格报纸，应限期观察，或劝其停办。这个评价体系尽管还显得比较粗，但整体上比较全面，分数的比重也比较合理。

1997年梁衡在《论新闻出版业从粗放经营到集约经营的转变》又提出了报刊“质量管理要有可操作性，即要有具体的质量标准和检测办法”。[7]其后，很多省市（如北京、广州、陕西、上海、河南等）新闻出版管理部门都建立了符合本省市实际情况的报纸评估体系，但这些体系制定的科学性、准确性、完备性及评估的可行性等都有待商榷，而且这些评估体系实施的情况和效果等都没有见到公开的、具体的研究报告。

2008年报刊司司长王国庆提出要在两年内力争建立报刊质量评价体系，2010年7月新闻出版总署印发了《报纸期刊出版质量综合评估办法（试行）》（新出字［2010］294号），并规定于2011年1月1日起正式施行。2010年12月8日，新闻出版总署新闻报刊司根据《报纸期刊出版质量综合评估办法（试行）》的文件精神，印发了《全国报纸期刊出版质量综合评估指标体系（试行）》。该体系按照基础建设条件、环境资源条件、出版能力、经营能力4个板块，制定了评估报纸出版质量的各项主要指标，分为17个二级指标，56个三级标准。这个评估体系既适用新闻出版总署对全国报纸的出版质量进行分类评估，同时也可作为各省级新闻出版行政管理部门评估当地报刊质量的主要参考。新闻出版总署要求各省级新闻出版行政部门针对所评估的对象类别组织评估专家组，确定指标适用范围和权重，将三级指标分解为可以采集或可以赋值的变量。2011年该指标体系实施以来，取得了哪些效果，笔者尚未看到（尤其是对新闻类报纸），但这个指标体系的科学性还有待商榷，比如，发行作为报纸质量的有机组成部分，在1995版的评价体系中占有重要地位，但在2010版中却只有发行收入一项指标，因为发行不仅仅只是看收入，还要看发行过程的服务质量，发行过程的服务质量才是报纸质量的有机组成部分，发行的经济效益只是发行服务质量的一个结果，而不是全部。还有，1995版中对报纸质量评价很重要的“社会信誉质量”指标，却在2010版中被取消，而这个指标却是评价报纸质量外部性的重要指标，也是报纸质量的有机构成之一。又如，基础条件、环境资源条件、经营能力本来是外在于报纸质量的指标，应该属于报纸质量保障体系范畴，但2010版评价体系中，这几个方面却占了相当大的比重，而与报纸质量密切相关的“出版能力”却在整个评价体系中与报纸质量的相关保障体系处于同一个评价层面。

当然，除了国家层面的质量管理以外，一些报社出于自身发展的需要，也在积极探索合适的质量评估方法。见诸文献的主要有浙江丽水日报《报纸版面与稿件质量管理用新法》（谢根亮，中国传媒科技，2002，10），介绍了丽水日报社运用电脑技术进行报纸质量管理的具体做法，但其中的技术成分很重，学理研究很不够。还有刘勇的《报纸版面质量和市场特性测评新体系》（新闻导刊，2008，4），介绍了深圳特区报质量管理的经验，具备一定的参考价值，但缺乏对体系科学性的论证，普适价值较低。

总的来看，新中国成立以来，我国报纸质量和质量评估研究十分薄弱，相关的实践也并不丰富。目前，我国报纸数量超过两千种，作为一种影响社会生活的重要的大众传播工具，加强报纸质量问题研究、建立科学合理可行的报纸质量评估体系，对于指导报纸提高质量，以及报业行政管理部门监督、控制和引导报纸朝着正确的方向发展，防止有害、错误的舆论引导，维护社会稳定，全面构建社会主义文化的现代传播体系，增强文化软实力等都具有十分重要的现实意义和理论意义。

1.2.4 报纸服务质量评估实证研究及其成果

把报纸作为一种服务商品来进行评价的学术研究行为，并没有发生在报业领域，而是发生在服务质量评价研究领域。这项研究成果目前主要出现在三个文本之中，一是天津商学院2001级硕士研究生（2004年毕业）裴淑媛的硕士学位论文《顾客感知服务质量评价方法SERVQUAL的跨行业分析》；二是天津商学院硕士研究生导师韦福祥教授2005年4月在人民邮电出版社出版的《服务质量评价与管理》一书的第四章“服务质量评价实证研究”；三是南开大学韩经纶、董军教授2006年11月在南开大学出版社出版的《顾客感知服务质量评价与管理》一书的第六章“顾客感知服务质量评价方法实证研究”。从内容、时间和调查对象上看，该项实证研究实为同一研究，应系上述人员的集体成果。主持这项研究的学者都是在服务理论研究领域具有很深造诣的专家。研究的主要目的是为了检验目前在国际上被广泛认可的SERVSQUAL、SERVPERF两种服务质量评价方法是否具有跨行业的适应性，它们各自的信度、效度和适应性如何。选择的研究对象主要有三个：二星级酒店服务质量、四星级酒店服务质量、报业服务质量。问卷设计完成以后，经过了南开大学著名服务营销学教授范秀成的鉴定，在听取了范秀成教授的意见以后，为避免中英文转换过程中的语义偏差，又将问卷交由世界著名服务营销和管理研究中心——芬兰瑞典经济管理学院白宝丽博士译为英文，再根据其译文对问卷语义进行调整，反复三次，才决定了最后进行调查的问卷。因此，这项研究本身的信度和效度都比较高，研究成果非常宝贵（我们将在后文更详细地介绍有关报业调查的结论）。

不过，无论是SERVSQUAL还是SERVPERF，这两种方法的片面性都是显而易见的。按照首次提出顾客感知服务质量概念的格罗鲁斯教授的理论，服务质量包括功能质量和技术质量两个方面，服务质量评价既要测量服务结果，又要测量服务过程，但SERVQUAL以及SERVPERF所度量的都只是服务过程的质量，没有涉及服务结果的质量。从这次报业服务质量的调查内容看，报纸被作为跟其他服务几乎没有任何差异的活动来对待，报纸服务跟酒店服务一样对待，作为报纸服务核心的技术质量，即新闻报道则被完全忽略了，报纸服务的精神属性和报纸的意识形态属性都消弭在一般性的调查框架之中（当然，这样做，也跟这次调查的目的之一有关，那就是检验SERVSQUAL以及SERVPERF的跨行业适应性，如果对原有评价体系进行了修改，就无法有效地证明这个问题）。

客观地评价这项成果，应该说，SERVQUAL服务质量评价体系只适合报纸服务中的发行服务，或者说销售服务，而报纸的核心产品，即新闻报道（技术质量或结果质量）则需要建立另外的评价体系。

本研究吸收了上述研究实践的经验和教训，对报纸质量评估体系进行了一次全新的构建。既按照服务的定位，又根据报纸的精神产品属性，初步建立起了报纸质量评估体系。

1.3 研究对象的特征

报纸作为一种语言媒介具有自己的特殊性，一般的教科书或理论文献在定义报纸时都仅仅把报纸定义为语言媒介，与其他同样以语言为载体的印刷媒介没有本质上的区别。其实，报纸固然是语言媒介，但它已经在自己的发展过程中形成了以版面语言这种亚语言为核心的特殊的语言媒介系统（参见第六章）。因此，报纸质量评估必须把版面语言作为报纸的个性来讨论和认识。在没有广播电视互联网的时代，报纸是生活中的必需品。有了广播电视以后，报纸依然以自己不可取代的优势与广播电视媒介平分秋色。互联网虽然对整个纸质媒介都有很大冲击，但报纸的权威性依然存在，而且随着电脑技术的发展，报纸独特的版面语言愈来愈成为报纸存在的根基（参见第六章）。因此，弄清楚版面语言的特性，建立起版面语言质量评价的指标体系，是建立报纸质量评估体系的重要环节。

其次，报纸是以新闻报道为核心的大众媒介，它的传播方式与利用电子技术作为传播工具的媒介不同，报纸需要通过人工传递的方式把媒介送到方

便读者购买的地方，甚至送到读者手中，因此，报纸销售，或者说发行就构成了报纸媒介的又一特殊性，发行也因此成为报纸质量评估的有机组成部分（参见第七章）。

第三，当然，作为以新闻报道为核心的大众媒介，报纸质量评估的核心还是新闻报道。新闻报道在报纸媒体是以印刷文本的形式而存在的，版面语言也是新闻文本的一种表现形式，而且版面组合是报纸新闻最大的文本。因此，如何评价报纸新闻文本的质量是报纸质量评估的核心。

报纸质量的这些特殊性是我们建立报纸质量评估体系的基本前提。

1.4 研究的主要内容

报纸是一种传播新闻的大众媒介，报纸质量是由报纸新闻文本的质量、版面语言的质量和报纸发行的质量构成的。版面语言的质量本来也属于新闻文本的质量，但是鉴于版面语言在报纸媒介系统中的重要地位，所以本书进行了单独讨论。过去人们很少提出报纸发行也要纳入报纸质量评价体系之中，但由于离开了发行，报纸新闻传播根本无法实现，因此，本书也对报纸发行建立了质量评价体系。此三者作为本项目构建报纸质量评估指标体系的一级指标，对这三个一级指标再逐级分解，建立了报纸质量评估的二级指标、三级指标和四级指标，并构建了报纸质量评估的数学方法和程序。因此，本书除第一章以外，主要由以下内容构成：

第二章，研究评估（包括评价）问题，弄清楚评估与报纸质量评估之间的关系，找出报纸质量评估体系的研究对象和层次构成，建立起报纸质量评估研究的理论框架。

第三章，阐述国际标准化组织关于“质量”的定义，即质量是一组固有特性满足要求的程度。接着从发生学的角度研究了报纸的固有特性，那就是新闻报道，因此，报纸质量也就是报纸新闻报道满足要求的程度。满足谁的要求呢？一共包括了9类对象，即投资人、报社、读者、销售商、广告商、被采访对象、媒介评论者、非读者、报纸行政管理机构等，这9类对象统称为报纸质量的相关方，其中核心是满足读者的要求。因此，所谓报纸质量评估就是对报纸新闻报道满足各相关方（核心是读者）要求程度的度量。

第四章，研究报纸质量评估的特殊性。新闻报道不仅是报纸的固有特性，而且也是新闻期刊、广播电视、网络媒介所具有的特性，报纸新闻报道跟这些媒介有什么不同呢？研究发现，报纸新闻报道的特殊性有三点，区别于电子媒介，报纸是通过印刷符号来报道新闻；区别于新闻期刊，报纸是通过与新闻期刊迥然有别的版面语言来报道新闻；区别于电子媒介的电子传播手段，报纸是通过“人工传递”的发行系统来实现报纸的新闻传播。从经济学的角度说，报纸是一种以提供新闻为核心产品的服务。这种服务是由新闻文本、版面语言和发行服务组成的；离开了任何一个环节、或者任何一个环节有缺陷，都是质量不高的服务。所谓报纸质量评估就是对整个服务过程及其结果的评估，不仅仅只是报纸新闻文本的质量，也不仅仅只是报纸版面语言的质量，还包括报纸发行服务的质量。这就是报纸质量评估的特殊性。

第二、三、四章研究为报纸质量评估体系的建立奠定了理论基础。第五、六、七、八章是本研究的核心内容，集中讨论报纸质量各个方面的评估和整体的评估指标体系问题。

第五章，主要讨论报纸新闻文本质量的评估指标体系。新闻文本的质量主要由真实性、新鲜性、实用性和正义性构成。这四性又可以分解为两级指标，它们共同构成了报纸新闻文本质量评价指标体系。

第六章，主要讨论版面语言质量的评估。我们把版面语言当做报纸新闻的一种独特言说方式，对这种言说方式效果的评价就是对版面语言质量的评价。根据修辞学有关言语效果的评价标准，我们认为版面语言质量的评价标准，主要体现在“合境”“合位”“合式”“合美”四个方面，这四个方面又可以进一步分解为两级指标，构成版面语言的评价指标体系。

第七章，主要讨论报纸发行服务的质量评价。报纸新闻报道整体上都可以当做服务来认识，叫做“新闻服务”，发行只是整个新闻服务的一个必要环节而已。发行服务的评价可以用现成的SQUALSERV评价方法，但鉴于报纸服务的精神性特征，我们对这个评价指标体系进行了改造，以适应报纸发行

服务评价的需要。对SQUALSERV评价体系的五个评价维度我们把“响应性”和“移情性”合并为“差异性”，并把原来的22个度量指标变为12个相应的子特性，同时为12个子特性确定了31个相应度量指标项，使之更适合报纸发行质量的评估。

第八章，通过层次分析法和模糊评价法的两两集成，介绍了报纸质量的模糊评价方法。首先讨论了模糊评判的方法和步骤，接着采用层次分析法对各指标的权重进行定量确定，建构了模糊评判的过程，最后形成了报纸质量多级模糊综合评价模型，为后续研究和市场应用奠定了基础。

1.5 研究的主要方法

本书研究的主要方法是“文献研究法”和“访谈法”，从思维的角度说，则采用了“哲学思辨方法”和“数学思维方法”。

文献研究和哲学思辨主要解决报纸新闻文本质量和版面语言质量问题；访谈法主要解决发行服务质量的问题；数学思维方法则主要解决报纸质量整体评价的数学模型问题。

本书理论体系如果能够进行相关实证研究，相信可以更加完善和有用。

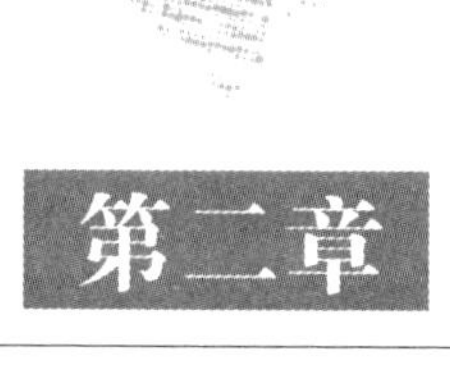

第二章

评估与报纸质量评估的理论基础

杜威在《评价理论》中指出“在所有深思熟虑的、有计划的人类行动中，无论是在个人行动中还是在群体行动中，似乎无一不受到对所期望达到的结果所具有的价值之鉴定的制约。”[8]建立报纸质量评估体系就是对报纸质量进行价值鉴定，而只有首先明确评价的相关理论，才能把评估体系建立在科学、合理的基础之上。本章主要介绍评估理论的历史和现状，作为建立报纸质量评估体系的理论背景；并从探究评估的本质出发，明确报纸质量评估的类型和方法；接着，建立报纸质量评估的理论框架和宏观模型，作为后面各章建立报纸质量评估指标体系的指引。

2.1 评估发展的历史

评估，是一种智力活动，它与“评价”的内涵和外延几乎相同。本研究对这两个概念都使用，原则上把它们当做等义词。当然，两者在实际应用中还是有一点微小差别的，那就是在理论研究特别是方法论研究中，通常使用评价，如价值评价、学术评价，正因为如此，所以类似人类行为在进行定义的时候，往往都把“评价”当做属概念。而在实务活动中通常使用评估，如资产评估、项目评估。

评估还有一个近义词“评议”，但评估与评议的区别是明显的，那就是，评估包含了定量评价，而评议则主要是定性评价，而且这种定性评价一般是通过同行来完成的。[9]

自从有了人类就有了评估。原始社会人们过着狩猎生活，什么地方可以捕到猎物、什么地方的猎物凶猛难以捕获等，都必须有一个基本的评估。评估方式多种多样，巫术、占卜就是人类进入文明社会早期所采用的方式。明天这仗要不要打、什么时候出发、哪些人去参加战斗，中国古人就运用甲骨来占卜，既是预测、又是对未来行动价值的评估。这个时期人类的评估是凭经验作出判断，是一种自发的行为，甚至是一种本能的反应。

现代意义上的评估是科学发展、知识累积、评估实践推动的结果。有人认为，19世纪末西方价值哲学的兴起，是人类评估活动走向自觉的先导。因为评估活动从本质上说是一种价值评价和价值判断，没有哲学理论做支撑，这种活动就很难达到一定的高度和深度，价值哲学是评估的重要方法论。同时科学和技术的进步，特别是评估数学方法的不断发展，也给评估活动带来了丰富的评估技术和评估手段，于是，人类评估活动开始由经验走向科学、由自发走向自觉、由原始走向现代。美国学者彼得·罗希等人认为，20世纪30年代，社会科学家开始使用严格的社会研究方法来评价社会项目，其中列文对“行为研究”的研究、李普特和怀特对民主和集权领导的研究等，都产生了广泛的影响。到20世纪60年代，评价研究的论著不断出现，约翰逊总统在全美发起的有关贫困的争论，引起了人们对评估研究的极大兴趣。到60年代后期，评估已经成为一个成长中的产业。[10] DanielL.Stufflebeam等人通过考察认为，在美国，评估活动最终走向专业化大约是在1973年。此前，评估者面临身份认同危机，他们自己也无法确定自己究竟扮演的是一个什么角色，是管理者、咨询服务、教师、研究者，还是打破传统的人，也没有相关的专业组织或者刊物作为交流平台，评估人员和评估活动都没有任何地位和政治影响力。而在20世纪70年代这种状况得到了全面改观，相关刊物（《评估评论》于1976年创刊）、书籍（1972年出现了第一本评估研究教材）、论文以及组织和团体都相继出现，甚至斯坦福大学、明尼苏达大学等还开设了评估方法论的课程，诺瓦大学也率先在博士班开设了评估课程。[11]

中国对评估活动的研究始于上个世纪80年代。1984年，中国对外翻译出版公司出版了帕萨·达斯古普塔、阿马泰亚·森、斯蒂芬·马格林等人编写的《项目评价准则》，这是在中国出版的、最早的一本评价理论专著；同年，贾焕文、纪勇编著的《价值工程原理和方法》由河北人民出版社出版，可以看做是中国人自己撰写的、最早的一本有关评价理论的专著。它们的出现，与改革开放以后中国社会的现实需要有着密切的关系。在社会生活的主导模式由阶级斗争转向经济发展以后，人们的思想观念、价值观念、行为方式，乃至整个社会主义价值体系都在发生变化，中国的政治、经济、文化和社会生活的复杂性日益增加，在采取行动之前、之中、之后，对行动的价值、行动所关系到的诸方面要素之间的相互关系、行动的效应等进行评价，就成为决策部门、管理部门、企业和组织所乐于采取的方法和步骤。正是在这个过程中，经过几十年的实践和研究，评价技术、评价学在中国得到了深入、系统、全面的发展。2007年北京大学出版社出版的“公共管理评估丛书”（一共7本），2010年科学出版社出版的《评价学：理论·方法·实践》是对国内外评价理论研究成果的一次综合。

2.2 评估的本质

前面已经说过，评估就是一种价值判断，或者说认识事物价值的观念性。价值是基于客观事物的属性与人的需要之间的一种满足关系，客观事物能够满足人的某种需要，它就是具有价值的，相反就是没有价值或负价值的。

这种价值关系可以表述为以下四种情况。

绝对正价值。如果一种事物能够满足所有人的需要，这样的客观事物就具有绝对正价值。例如，绝对真理就具有这种价值特征；又如，泸沽湖摩梭族走婚的古老习俗，对于这个民族来说，具有文化价值，对于不是这个民族的人来说，具有研究价值、体验价值和观赏价值；还如，世界自然和历史文化遗产、生态环境、月亮、艺术等是对所有人都具有绝对正价值的事物。

相对正价值。如果能满足一些人的需要，而对另一些人却没有意义，那这种客观事物就具有相对正价值，例如，有些人喜欢运动养生，有些人喜欢龟息养生，相互并不会有什么影响，各有各的价值；对喝酒的人而言酒有价值，对不喝酒的人而言酒就没有意义，但两不相妨，酒就是具有相对正价值的事物。

相对负价值。如果能够满足一些人的需要，而对另一些人却会带来损害，那这种事物就具有相对负价值。跳广场舞是一种有益的健身运动，也是一种健康的群众文化，但是如果广场舞影响到了别人的生活与工作，那么这个地方的广场舞就具有了相对负价值。抽烟对某些人可能有益，但如果在公共场合抽烟，就可能对别人的健康带去损害，抽烟就具有了相对负价值。当然，具有相对负价值的事物有着十分复杂的情形，对这类事物要做具体分析。有些具有相对负价值的事物，暂时看起来有害，但从长远看，却很有益，或者从局部看有害，从整体看却有益，对这样的事物就不能因噎废食、就必须让它存在和发展下去，所谓“两权相害取其轻”就是这个意思。人类社会可能大量的事物属于既有一定的正价值、又有相对负价值的事物，纯粹只有正价值的事物是少数。

绝对负价值。当然，如果对所有的人都有害，那这种事物就具有绝对负价值，不道德的行为就是这样的事物。

显然，对事物价值进行评估，只有具有绝对正价值、相对正价值以及有一定负价值但更多是正价值的事物才有意义。任何负价值远大于正价值、或者说具有绝对负价值的事物都是应该摒弃的。

报纸就是具有相对正价值和相对负价值的事物。江泽民曾经说过，舆论导向正确是党和人民之福，舆论导向错误是党和人民之祸，这就是说报纸既可以为善，也可以为恶，既可以具有正面价值，也可以产生负面价值。因此，报纸质量评估的目的就是引导报纸尽可能克服负面价值，最大限度或者百分之百地生产积极、正面的价值。

2.3 评估的复杂性

事物的价值关系到两个方面，即价值主体和价值客体。由于价值是基于客体对于主体的满足关系，因此，价值主体对价值客体满足自身需求的属性的把握和评价就成为价值生成的源泉，这样一来，价值就具有了主体性特征。

价值的主体性特征给价值评价带来了相当程度的复杂性。不同的价值主体，由于其经历、学养、襟抱、知识结构、文化心理结构、人生境界等的不同，往往会对这种主客体之间的满足关系作出不同的判断，这种不同的判断包括事物有无价值、价值大小、价值正负等。而且由于价值判断往往伴随着人的情绪和情感活动，如高兴、不满、愤怒、喜爱等，这种主体性特征又会进一步影响价值主体提高或降低对事物某个方面评价的权重：

一天下午，在布达佩斯人类学博物馆一个阴暗的房间中，一位知名的民俗学家为访客播放摹尔达民谣歌手Csango-Magyar的唱片，她的歌曲是如此悲伤，而且她以极为充沛的热情诠释，可以感觉到她完全沉浸在歌曲的意境中。访客谈及歌曲中沉痛的音质，博学的教授给他严厉的一瞥，说道："现在你知道民谣是无意义的吧！在我们尚未完成精准的音符及未理解旋律的风格时，民谣对我们而言是全然没有任何重要性的。"对他而言，歌曲对歌者有无意义不是他关心的，虽然歌者泪流满面也不值得去探究，唱歌的人只是附属品，她的心、意志、声音都是多余的，不值得重视，音调和时间的持续才是重要的。他遵从Kelvin的原则：能测量的事物才能被理解。[12]

可见价值主体由于所持的价值观念、价值标准不一样，对同样的事物完全可以做出"很有价值""毫无价值"两种截然不同的判断。

不仅如此，评价除了价值主体对价值客体的评价以外，还包括对价值主体与价值客体所构成的价值系统本身的评价。由此可以看出，价值主体与评价主体并不是完全同一的，或者说评价主体有时兼有价值主体和评价主体双

重身份。如果评价对象是价值主体与价值客体所构成的价值系统本身，评价主体就处于这种价值系统本身之外，不属于这种价值系统中的价值主体；而相对于被评价的价值系统，评价主体又成为了价值主体。

按照价值客体的存在形态可以把评价划分为物理系统、社会系统、价值系统、价值精神系统四种类型。

所谓物理系统是指没有生命，或者说既使有生命但却没有意识的系统，对这类系统所进行的评价就是物理系统价值评价，这种评价的评价主体和价值主体是合一的，比如对自然生态系统的评价。社会系统是指存在于社会生活中，主要是具有主观能动性的人参与的系统，对这类系统的评价就是社会系统价值评价，这种评价主体与价值主体也是合一的，比如，对媒介人行为的评价。价值系统是由价值主体和价值客体构成的系统，这种系统的价值主体已经对价值客体的价值有了自己的评价，因此对价值系统的评价就是对价值评价的评价；这种评价主体一方面是外在于评价对象的价值主体的，另一方面相对于评价对象又是作为价值主体而存在的，比如对媒介新闻选择理念、媒介定位的评价。而价值精神系统则是基于一定的价值观念而形成的文本系统，主要体现为某种精神产品，评价主体的特征与在价值系统中的特征是相同的，比如对新闻报道的评价。

在对这些系统进行的评价中，如果价值客体是物理系统，由于对象自身处于相对静止状态，可以使用一些物理指标和物理手段进行评价，比较容易进行，也能够排除主观感情对评价对象和评价过程的干扰，得出相对客观的评价结论。

如果对象不是物理世界，而是社会系统中的事物，由于这类事物的构成主体是具有主观能动性的人，其评价就比物理系统中的事物来得复杂。比如，报纸不遵守承诺，报道了消息来源要求不要报道的内容，该报还是不该报，有时评价起来并不是容易的。又比如，2016年4月山东发生的“辱母杀人”案，同样是不可简单评价的。2017年2月聊城中级人民法院以故意伤害罪判处当事人于欢无期徒刑，结果社会舆论大哗。2017年6月山东高级人民法院作出最终判决，判定于欢防卫过当，构成故意伤害罪，判处5年有期徒刑。这就是社会系统中的事物评价的复杂性。

而当评价对象是由价值主体和价值客体共同构成的某种价值系统时，由于其自身存在价值主体和价值客体这种二元构成，这种二元构成的系统是否具有价值、具有多大价值等，本身又成为了价值评价的客体，这样一来价值评价就具有了双重的价值主体和价值客体，相对而言，对其评价就会面临更多的困难。比如，报纸新闻报道理念就是一个价值系统，它是报纸基于自身的办报方针而提出的“什么才是本报最值得报道的”之类的标准。党报、都市报、晚报各有各的标准，不同层次、不同区域的党报、都市报、晚报又有自己的标准，不同的报社领导还会根据相同的办报方针提出不同的新闻报道标准，而且这些标准还会随着社会的发展而发生变化。什么标准才是好的呢？普适的标准可以制定，但在具体评价时不同评价主体又会给这种普适的标准带来诸多不确定性，难以完全科学、全面、客观地反映价值系统的价值。又如，对学校教育质量的评价，由于学校本身具有某种教育理念、教育方针，不同的校长又可能具有不同的教育管理方式，学校教育就构成了一个价值系统，对这个价值系统的评价无论是在评价理念、评价手段还是评价指标体系的建立方面都只能给出一个近似的评价方案。

对价值系统本身的评价面临许多困难，并不是说对这种价值系统的评价就没有任何可能性。事实上，作为一种客观存在，价值系统总是具有很多价值特征的，把这些价值特征寻找出来，构建一个科学合理的评价指标体系，并不断在评价实践中检验和完善，最终，这种评价是可以无限接近价值系统的真实状况的。

但是，对价值精神系统的价值评价比起物理事物、社会事物和价值系统等还要困难。因为价值精神系统不仅包括价值系统本身的主体和客体以及对这个价值系统进行评价的主体和客体，还存在一个价值精神产品接受的主体和客体。价值精神产品的实现过程是一个产品的接受过程，在这个过程中，精神产品是客体，接受者是主体，而精神产品往往具有意识形态性，这种属性就使接受具有了复杂性，霍尔所说的三种解码方式，就是这种复杂性的表现。同时精神产品往往会成为接受者的行为向导，左右其价值判断和现实行

动。此外，精神产品还具有扩散性和影响的恒久性（《论语》至今还是一部影响中华民族文化与发展的精神产品），从而会衍生出更多的价值问题。因此，比起社会事物来，精神产品的价值评价也就复杂得多。

报纸质量评价主要是对报纸新闻文本的评价，新闻文本在这个分类中属于价值精神系统，因此，报纸质量评价是一个复杂的系统工程。

2.4 报纸质量评估的层次结构及复杂性

报纸属于价值精神系统，而且既具有正价值，又具有负价值，因为报纸既可以产生正外部性，也可以产生负外部性（详见第五章“正义”）。那么，对报纸质量如何进行评价呢？这里，我们先对报纸价值生成的过程和层次结构以及评价的复杂性进行一个简要的讨论。

对报纸质量的评价就是对报纸质量做出价值判断。从评价方法来说，评估包括形成性评估和总结性评估。形成性评估通常是报纸的内部评估，总结性评估属于外部评估。形成性评估是在报纸新闻服务产生过程中进行的，总结性评估则是在报纸新闻服务已经完成以后。Bob Stake说：“当厨师在尝汤的味道时，那是形成性的；当顾客在喝汤时，那是总结性的。”[13]。

除了这两种评估以外，报纸质量评估还属于“优点取向评估”和“赋权性评估”。所谓优点取向评估是指对评估对象的优点和价值进行系统化及客观化决定的过程。“优点：对象的卓越性，即评估其内在的品质或绩效。价值：任一对象的价值是和目的相关联的。”[14]，而赋权性评估是指“运用评估观念、技术及发现，以促进进步及自我决定，可以同时利用质性和量化方法论。”同时“赋权性评估具有明确的价值取向，它的设计是用来协助人们帮助他们自己，且采取自我评估和反省的方式来改进他们的方案。赋权性评估需要团体合作的活动，而非个人从事的事务。”[15]

之所以需要综合采取上述方法对报纸质量进行价值评估，是因为报纸价值的生成和实现（以下简写为“生成—实现”）具有多层次性和复杂性，只有对报纸价值“生成—实现”的全过程和各个层次都进行可信的评价，才能对报纸质量获得准确、完整的认识。

报纸价值“生成—实现”的全过程是怎样的呢?

报纸价值“生成—实现”的第一个层次是记者和事实之间的关系。要不要采写某一个事实、从什么角度来报道这个事实、采写详略到什么程度、用什么体裁来表达、需要利用哪些手段来凸显或弱化事实的新闻价值等，都需要先由记者来决定。在这个层次，记者是价值主体、事实是价值客体。稿件的选择和处理过程是一个形成性评价和赋权评价过程。这是报纸价值生成的第一个层次。

记者采写的稿件形成报社新闻报道的初级文本，报社需要按照当天所有稿件的情况，比对其价值，并结合版面语言进行思考，然后对稿件进行再处理，才能形成最终的报道文本。这个过程包括决定稿件上版还是不上版、上版又放在什么版面空间位置、标题做几层、标题字体字号如何选择、版面上的稿件又如何组合，等等，最后形成一个由终极新闻文本（经过编辑处理以后）、版面语言组成的报纸新闻文本。在这个过程中，编辑部群体是价值主体、初级稿件和版面是价值客体。稿件的处理过程同样是一个形成性评价和赋权评价的过程。这是报纸价值“生成—实现”的第二个层次，也是所有层次中最关键和最重要的层次（参见第六章）。

报纸编排好以后，要进行印刷，印刷过程主要是一个工艺过程，对其评价是对印刷物理系统、技术系统、人机交互系统、物料系统、交互行为的优劣等的评价。影响印刷质量的参数很多，主要是一些物理指标，诸如最佳墨层厚度、相对反差、油墨叠印率、网点增大值、实地密度等，印刷物料本身对印刷质量的影响也很大，如纸张印刷适性、纸张粗糙度、纸张酸碱性、表面性能、油墨特性、油墨细度等，甚至印刷环境也可以纳入评价范围。所以对印刷质量进行的评价，主要是一些物理手段，诸如信号条、测试条、梯尺等。由于本书主要是对报纸作为一种精神产品的评价，所以对报纸印刷质量的评价不纳入本书的讨论范围。

报纸出版以后，必须发行到读者手中，才能实现自身的价值，这个过程是依赖“人工传递”来实现的，于是“人工传递”的发行过程就成为了报

纸新闻服务的必要环节，发行也处于报纸价值的“生成—实现”过程之中，报纸质量评价也就离不开对发行服务过程的评价。只是这个过程中，发行人员、报纸和读者之间的关系不是价值主体和价值客体的关系，他们构成的不是一个价值系统，而是一个社会系统，亦即由报纸发行人员通过报纸这个中介和读者一起组成的社会系统。作为一个客体的社会系统而非价值系统，对它的评价，可以依据现成的服务质量评价方法来进行。这是报纸价值“生成—实现”的第三个层次（参见第七章）。

读者是最直接的报纸价值实现系统和再造系统。没有读者，报纸的价值就无法实现。不过，读者并不是完全按照报纸的传播意图来解读新闻，而要按照自己的方式来重新生产新闻，或者说再造新闻。这个价值系统之中，读者是价值主体、报纸新闻文本是价值客体。读者的评价是一种总结性评价。这构成了报纸价值“生成—实现”过程的第四个层次。

总结性评价是对报纸新闻文本的运用和处理是否很好地体现了现实的政治导向、办报方针、报纸定位等一系列价值要求的评价。这个评价报社自己可以进行，报社的评报机构通常就是为总结性评价而设置的。更多的是读者自发的、经验的评价。当然，还可以是上级报纸行政管理部门，如宣传部门的新闻阅评组等。但是这些总结性评价都不能完全反映报纸的价值和质量，只有通过专家的系统评价和未来的实践来检验，才能科学地把握报纸质量和报纸价值。

读者阅读报纸新闻以后，可能为了适应环境的变化调整自己的行为，或者采取相应的行动。因此，对这个价值系统的评价就是对可能产生的读者心理变化、行为变化的影响的评价。但是，读者的接受过程和接受后所受到的影响是一个很复杂的问题，对于有些新闻可能产生的影响也许可以预测，但大多数新闻都无法直接得知读者会受到哪些影响、会采取什么行动。民工为讨薪而跳楼，新闻报道本来是要防止此类事件再次发生，同时督促有关方面尽快发放欠薪，但结果跳楼事件越来越多。因为“所有参与者都带了一个装得满满的生活空间——固定的和储存起来的经验——进入了这种传播关系，他们根据这些经验来解释他们得到的信号和决定怎样来回答这些信号。”[16]

（关于接受的复杂性，罗曼・英伽登、H・R・尧斯、罗兰・巴特、约翰・菲斯克、约翰・霍尔等人对此都有详尽而深刻的讨论，此不详述）因此，评价只能是对报纸新闻文本本身的内容、文本结构、传播意图等进行静态分析，也就是只能立足于传播者的行为和传播内容本身，进行总结性评价，或者说就新闻文本本身进行评价，而无法对读者的接受和现实转化过程作出形成性评价，更无法在当时的语境中对这种影响形成总结性评价。

此外，报纸价值实现以后，不仅会影响读者的思想行为，而且还会通过读者的思想行为影响到非读者的思想行为，这就是报纸新闻报道的外部性，或者报纸价值的衍生性。读者与非读者之间的影响也组成一个社会系统，对这个系统价值的评价也是对报纸质量的检验。这是报纸价值“生成—实现”的最后一个层次，也是最重要的层次之一。虽然说，对这个层次的评价很困难，但作为报纸质量评价的一个逻辑环节必须存在于报纸质量评价的体系之中，这就是报纸的“外部性评价”（参见第五章）。

最后一个问题，为什么报纸需要采取赋权性评价。这就是因为我们对报纸的读者价值、非读者价值等都无法进行形成性评价和总结性评价，所以，就必须依据现实生活对报纸的要求，包括主流文化、主流意识形态、主流价值观等对报纸的约束条件，以及过去新闻传播的历史经验和教训等对报纸进行赋权性评价。通过赋权，引导报纸新闻报道符合主流的要求、符合社会发展的要求。

综合起来看，报纸价值的“生成—实现”过程及报纸质量的“优点取向赋权评价模型”如图2—1所示，它是后文研究报纸质量评估体系的一个理论框架。

鉴于形成性评价主要是报纸内部的工作，因此本书对报纸质量的评价是从“报纸新闻文本”开始的，即从新闻采写编评以及组版、印刷的结果开始的，属于总结性评价。之所以以“新闻文本”作为逻辑起点，是因为报纸对社会所产生的一切效应都源自新闻文本。图2-1“报纸新闻文本”对应的是“内部形成性评价”，这个评价是指报纸在最终新闻文本形成过程中，对初级文本进行内部评价形成的报纸新闻文本。当报纸印刷出版以后，对报纸公开的新闻文本的第三方评价，就属于报纸的外部总结性评价；出版以后的新

闻文本是对应于发行和读者的，所以，把“外部总结性评价”对应于该栏。

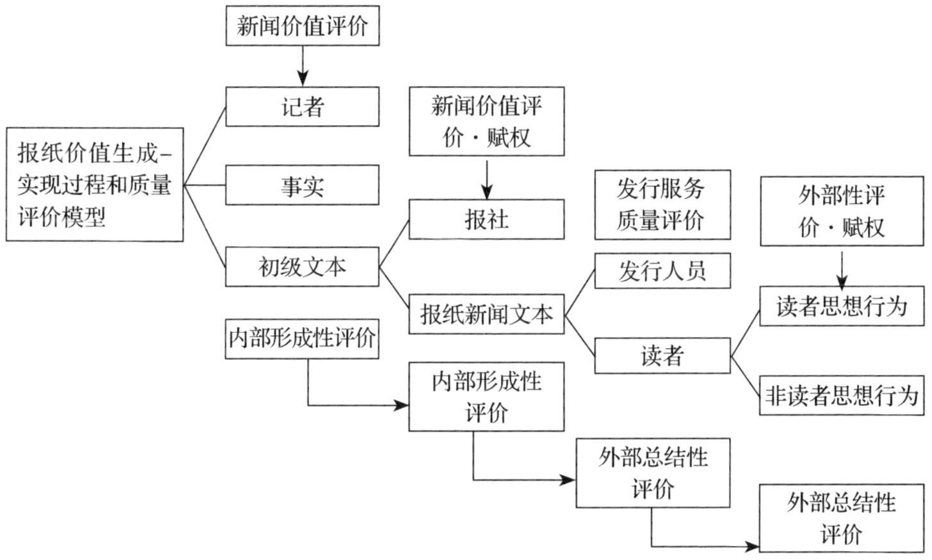

图2-1　报纸价值生成过程及报纸质量优点取向赋权评价研究模型

当然，新闻文本形成过程也存在一个质量问题，而且这个过程的质量是新闻文本质量的保障，因此，对形成过程也需要进行质量评价，即“形成性评价”。但由于新闻文本形成过程更多属于报社为了保障和提高报纸质量而建构的质量管理和质量保障体系，属于报纸内部生产管理的质量问题；同时，在报纸内部管理和外部效果之间，外部效果显然是更重要的，因此，本研究只是从文本开始、从读者出发，从读者的角度来建构报纸质量的评价体系，对形成性评价暂时未予关注。

2.5 报纸质量评估的功能

从功能来说，报纸质量评价的功能主要体现在以下几个方面：

第一，判断功能。判断就是对将要发生或正在发生或已经发生的评价对象进行预测。判断功能在报纸价值生成的各个阶段都可以得到体现，包括事前的预测和指导、事中的研究和评判、事后的跟踪和反馈。报纸评价的判断功能可以帮助报社对自己的思想和行为进行鉴定和诊断，从而进一步改进自己的工作。

第二，导向功能。评价是基于一定价值观来进行的，作为评价所使用的价值观自然具有普适意义。报纸为了自己的生存和发展都必须定位于某个市场区隔、或者某个社会群体社会阶层，主要为某些人服务。但这样一来报纸就会以某一个群体的价值观为自己办报的准则，包括新闻如何选择、版面如何表达、评论如何配置等，报纸的价值观就有可能与大众的普遍价值观发生冲突、甚至背离。评价就是通过提倡什么、反对什么，哪些工作评价权重较大、哪些工作评价权重较小，来引导报纸调整自己的工作方向，规范其工作行为，提高工作质量，促进其在正确的价值观指引下健康发展。

第三，激励功能。一般来说，评价是由第三方来进行的。囿于自身视野、能力等方面的局限性，报社自身往往不能准确地知道报纸到底办得怎么样，而通过评价，报社既可以发现差距，也可以看到前进的方向。一个准确的评价对于被评价对象有惩戒作用，但也有着肯定、鼓励的作用，当评价对象的工作得到承认以后，就会成为一种激励因素，更加积极有效地开展报纸工作。

第四，监督功能。报纸是否建立了有效的质量保障体系，是否可以随时保证报纸的正义性，保证报纸不出政治问题，保证报纸不影响社会稳定和社会发展，必须通过评估来进行预测，因此监督功能就成为了报纸评价的基本功能之一。通过评价，可以对报纸的价值生成过程和报纸质量进行全面、系统和综合的把握，将报社的工作与预定的评价准则、目标和要求进行对照比较，确定报社的工作处于什么水平，从而对报纸形成一个长期有效的监督机制。这是建立报纸质量评价体系对于报纸管理的重要价值。

第五，学术建构功能。不从评估的角度来讨论报纸（媒介），就不能更全面系统地看到报纸媒介的特殊性，也不能看到学术研究中一些理论陈述的随意性。比如，新闻“五W”的“怎么样”或者“为什么”，日常学术表达是容易的，但当把它们作为“新闻真实性”的要素进行评价时，就很困难了，因为无论是“怎么样”也好、“为什么”也好，每一篇新闻报道都要达到准确无误，在现实生活中这实质上只是一个理想而已。因为受制于人类自

身感知觉的局限，“怎么样”是无法完全真实呈现的，哪怕记者是事件的亲历者，这已经有很多的心理学实验为证。“为什么”就更复杂，过去和现在都有人要求新闻要反映事物本质的真实，曾经一度还发生过论战。如果新闻真的都要像某些学者所说的那样必须反映事物本质的真实，让读者一读就知道事物的本质是什么，那可能就荒唐了，比如新闻说“太阳系是由恒星太阳和十大行星组成的”，读者一读就看出了这些星系之间的相互作用关系、还看到了万有引力定律，甚至看到了里面的引力波和暗物质，那牛顿和爱因斯坦这些科学家的存在都是多余的，有什么事物让记者去报道一下人们就明白了。其实，不要说“本质真实”，新闻要回答最基本的为什么有时也很困难。今天的雾霾指数125，明天的雾霾指数124，为什么是这样呢？新闻回答不了，专家也回答不了。熊猫为什么从吃铁吐火演化为吃竹叶的草食动物，新闻回答不了、专家也回答不了。像“新闻真实性”之类的问题，日常学术可以争论，但如果要对它们的质量进行评估就必须具有确定性而不是争论，这样，为了评估，就不得不去寻绎一种新的理论建构思路，消除概念内涵的不确定性。这应该是评估的一个重要学术功能。

2.6 本章小结

本章主要基于评价的理论和方法，阐述了评价的本质和复杂性问题。由于评价是基于对象与人的需要之间的一种满足关系，因此评价的主体是人，尽管评价对象是客观的，其属性也是客观的，但评价主体却可能因为所秉持的价值观以及评价时的心理环境等诸多因素的影响而使评价带上浓厚的主观色彩，甚至可能成为“假评估”，产生无效评估。因此制定科学合理的评估方案和评估体系，就成为保证评估有效性的重要前提。报纸作为一种精神产品，其价值生成和实现过程是一个多层次的复杂结构，这个复杂结构使报纸质量评价的难度大大增加。尽管如此，作为一个价值系统，报纸质量还是可以评价或评估的，基于此，本章以“新闻文本的质量”为逻辑起点，为后面各章报纸质量评估体系的建立，构建了一个宏观的思考框架。

第三章 报纸质量评估的内涵

报纸质量是什么？这个问题一直没有人从学术的层面进行过正面回答。大量以“报纸质量”为主题或者篇名的论文都与这个问题没有直接关系，比如“新闻策划是提高报纸质量的重要途径”“做好内部审读，提高报纸质量”“搞好摄影报道，提高报纸质量”等，这些论文都只是说哪些方面与报纸质量有关，而且往往只谈其中一个方面，至于“报纸质量”本身是什么，则从不给予定义，秉笔直书，无关报纸质量的痛痒。“报纸质量”的概念都不清楚，怎么讨论“报纸质量评估”呢？本章的目的就是探讨“报纸质量和报纸质量评估的内涵”，为建构报纸质量评价体系奠定理论基础。

3.1 质量与报纸质量的内涵

质量，是一个被人们经常使用的概念，但对于什么是质量，人们的意见是不统一的。专家学者往往因为自己的立足点不同，对这个问题的回答也是见仁见智。而要定义报纸质量，我们就必须首先定义“质量”。先看ISO是怎样定义质量的。

ISO是国际标准化组织的英文简称，它是由各国标准化团体组成的世界性联合会，是世界上最大的国际标准化组织。ISO下设的技术委员会（简称“TC”）有185个，成立于1980年的TC176即ISO第176个技术委员会（全称是“质量保证技术委员会”，1987年又更名为“质量管理和质量保证技术委员会”），专门负责制定质量管理和质量保证的技术标准。我们认为，比起

某个专家的定义，这种由众多国家的专家组成的国际组织的定义更具有权威性，因此，我们来看一下TC176是如何定义质量的。[17]

1987年TC176发布了ISO9000系列标准的第一个标准。在这个标准中，质量被定义为“反映产品或服务满足明确和隐含需要的能力的特征和特性总和”。在1994年的ISO9000族标准中，该定义改为“反映实体满足明确和隐含需要的能力的特性总和”把“产品或服务”改为“实体”，把“特征和特性”改为“特性”，使定义更为周延和简洁。2000年国际标准化组织在ISO9000:2000《质量管理体系基础和术语》中，又将质量定义为“一组固有特性满足要求的程度”。这个定义对于质量的定义达到了一个新的高度，成为当今世界对质量内涵的一种共识。根据这个定义，质量的核心在于“一组固有特性”，而质量的评价的基准就是“满足要求的程度”。

这个定义有四个要点。

一是对质量的载体未做界定。因此，可以说，质量的对象包括了一切可单独描述和研究的任何事物，包括物质的、非物质的；实体的、精神的；产品的、服务的；有形的、无形的，等等；

二是特性可以是固有的或赋予的。“固有的”就是某事物本来就有的，尤其是那种永久的、标识自己与其他类似事物相区别的特性，这种特性是事物本质的必然显现。如，报纸是传播新闻的媒介，如果报纸不传播新闻，就失去了报纸的本性，或者说固有特性。赋予的特性则不是某事物本来就有的，而是当固有特性已经完成以后增加上去的或者从固有特性衍生出来的一些附加的特性。报纸的固有特性是传播新闻，而报纸的出版时间、出版周期、价格、对开报纸还是8开报纸、报纸刊登知识性的内容、刊登小说等则属于赋予的特性。这些赋予的特性如果没有固有特性作为核心，就无所依附。按照ISO9000族标准的规定，赋予的特性不反映在质量范畴中。另一方面，固有特性和赋予特性是相对的。比如纯粹的文艺副刊，就以新闻报道为核心的报纸而言是赋予的，就文艺期刊而言则是固有的。

三是事物的特性有多种类型，如物理的、感官的、行为的、时间的、人体功效的、功能的，等等。

四是这个定义把前两个定义中的“满足需要”改为了“满足要求”。“要求”包括明示的、通常隐含的和必须履行的需要或期望三个方面。“明示的”，是指规定的要求，如报纸必须报道新闻，而不是旧闻；“通常隐含的”，是指组织、顾客或者其他相关方的惯例或者一般做法，所考虑的需求或者需要是不言而喻的，如报纸的新闻必须具有时效性、真实性、重要性、接近性、人情味，报纸的头版头条应该是整份报纸中最重要的新闻、报纸的新闻报道应该是把整个新闻最重要的内容放在导语里面、报纸的新闻编排必须美观有序等。“必须履行的”，是指法律法规要求的，或者有强制性标准要求的。比如，无产阶级的新闻媒介必须坚持党性原则、报纸必须正确地引导社会舆论、报纸必须遵守新闻宣传纪律、报纸不能传播低级趣味和黄色新闻，等等。“要求”这个概念比“需求”的内涵更丰富、更全面，“需求”只是从人的欲望、从市场的角度来定义的，从报纸来说，主要与读者相关；而“要求”则是从与事物有关的各个相关方出发来定义的，要求事物的质量必须照顾到各个相关方对事物不同的诉求；“需求”只是一种内在欲望的满足，而“要求”则既包含了需求的满足，也包含了对一些外在的、必需的约束条件的满足。就报纸来说，对通过报纸获取新闻的读者而言，报纸满足的是读者对新闻的“需求”；对报纸的行政主管部门而言，某种报纸所报道的新闻可能与他们的需求并不相对应，但报纸必须满足行政主管部门对报纸必须服从相关法律法规的要求。从市场来说，办报的目的就是为了赚钱，遵从产品利益最大化原则，这是投资人的要求；但如果只从投资人的要求出发、而不是从所有相关方的利益出发，我们就很可能违反新闻宣传纪律、缺乏正确舆论引导、传播低级趣味、损害公众利益等，这样的报纸，质量就肯定很低。[18]

报纸显然应该是一种可以单独描述和研究的事物，因此，ISO9000族标准关于质量的定义同样适用于它。所以，如果要定义报纸质量，那么，就应该研究“报纸的一组固有特性满足要求的程度”这一个命题，而与固有特性无关的“赋予特性”则不必纳入报纸质量的范畴。

3.2 报纸的固有特性

首先，报纸的固有特性是什么呢？找到了这个特性，也就找到了报纸质量的本源。其实前面已经说过，报纸的固有特性就是传播新闻，但是这个命题显然并不是不证自明的。当然，直接引用一些现成的研究结论也是可以的，但总会让人心理不踏实。这里，我们运用发生学的方法，简要地追溯一下报纸的固有特性。

3.2.1 固有特性：基于发生学的讨论

所谓发生学的方法就是对事物的起源、发展和演变过程进行研究的一种方法。它把研究对象从其初始状态中分离出来，对其发展的每个阶段进行动态分析，从而得出事物发展的规律、趋势和特征等。从发生学的角度看，西方古代报纸都是为了传播新闻而诞生的。公认的世界上最早的报纸是公元前59年罗马执政官凯撒创办的《罗马公报》，公报张贴在罗马各省的公共场合，内容是重要的社会和政治事件，包括“公民投票、官吏任命、政府命令、条约、司法审判、海陆军新闻、出生、婚丧、有特殊兴趣的事件如流星陨落等奇闻轶事，以及体育新闻即角斗竞技的结果等”[19]。它或者被直接阅读、不能阅读的可以听别人朗读或讲述、或者由书记员抄写在莎草纸上成为手抄新闻卖给不能找到原件的读者，进行更广泛的广播。公元66年塔西佗在《编年史》中写道：“行省与军队都在专心阅读罗马的每日新闻。”[20]据《奥古斯都列传》记载，最晚一期《罗马公报》发布时间是公元222年，也就是它至少存在了280年[21]。研究新闻传播史的美国学者斯蒂芬斯指出，在罗马帝国“新闻以惊人的效率在帝国中传播。西方新闻传播再次达到如此高速而完善的程度，要等到一千年以后了。显然罗马帝国的空前霸权和稳定有助于如此复杂的新闻体系的形成，但反过来新闻也有助于帝国的霸权与稳定。”[22]

中国最早的报纸是邸报，最初作为一种官方文书，起源于西汉（也就是说应该与凯撒创办《罗马公报》的时间差不多），到了唐代，发展成为具有报纸雏形的古代报纸，其主要功能是把朝廷之事“条报于外”，相当于封建王朝的政府“新闻公报”。戈公振认为邸报与《罗马公报》的性质极相似，功能也差不多：“于是京师与各道，交通便利，消息灵通，无隔阂之病。吾国文化之同意，实利赖之。而报纸在政治上之地位，亦由是确立矣。”[23]

可以看出，无论是《罗马公报》还是“邸报”，它们甫一问世就以传播新闻为己任，并作为一种重要的统治工具。当然，与今天相比，古代的新闻肯定不那么严格，比如，罗马新闻史家C.A.吉法德（Giffard）认为，《罗马公报》的一部分新闻是从“集市中”收集的流言[24]。重要的是，无论罗马、还是中国，要把某地出现的一条信息传递出去，到达读者面前，需要的时间都较长。中国古代的驿站传递体系在汉朝就已经发展完备，但这种驿站传递，近的要好几天，远的可能十天半月、甚至一月两月；罗马帝国也是依靠马车、仆人或旅行者来传递。它们到达读者手中，早就成了旧闻。虽然如此，由于古代社会生活节奏缓慢，事物变化不像今天这样迅速和丰富，一条旧闻所提供的信息同样可以起到调节行为、娱乐读者的作用。因此，古代报纸应该视为是以传播新闻为主的媒介。

在漫长黑暗的中世纪，欧洲新闻传播几近停滞。到15世纪，手抄新闻才沿着一千二百多年前《罗马公报》抄本经过的路线缓慢传播。16～17世纪为了适应资本主义的发展要求，满足商人对商品行情、船舶、道路和战争等信息的需要，手抄报纸和印刷报纸先后在欧洲大量出现，商人团体已经建立起了专属的手抄新闻体系[25]。当时的手抄报纸在法国就叫“手抄新闻”、英国叫“新闻信”；而经常出版的印刷报纸则是荷兰的《新闻报》、英国的《每周新闻》、法国的《新闻报》等[26]。这类报纸是近代报纸的远祖，但从名称上显然可以看出它们是以传播新闻为目的媒介。随着印刷技术的不断进步，16世纪到17世纪，欧洲各国先后出现了每周发行的印刷报纸：德国的《关系报》（1609年）、英国的《每周新闻》（1622年）、法国的《新闻报》（1631年），至此，“近代报纸”这一传播媒介就诞生了。从名称上显然可以看出，它们是以传播新闻为目的的。

到了18世纪末，近代报纸逐渐走向成熟。胎袭于早期手抄报纸的商业内容，近代报纸在走向成熟的过程中，经历了从商业广告为主向新闻报道为主的转化探索过程，比如在美国，1820年，波士顿有两份日报，分别是《波士顿广告日报》和《波士顿爱国及商业广告日报》，巴尔的摩的日报有《美国及商业广告报》《联邦共和党员和巴尔的摩电讯报》《联邦公报和巴尔的摩广告报》《巴尔的摩广告及晨间纪事报》《巴尔的摩爱国者及商业广告报》，其他如纽约、费城、华盛顿、查尔斯登和纽奥良，半数以上的报纸名称中都冠有“商业”或“广告”等字样。在英国，1785年创办的《每日环球记录报》（1788年1月1日更名为《泰晤士报》）就是以商业广告和信息为主。

总的来看，16到18世纪，报纸主要刊登商业信息，而且这些商业信息以商人或者说有产者为主要传播对象。帕尔默指出：“从人类历史开始直到1800年左右，全世界的劳动产品都是用手工工具完成的。此后，机器的使用日益增多。”[27]由于18世纪60年代以前，西方尚未发生工业革命，工厂手工业依然是经济的主导力量，这种经济形态下，产品产量不大，不能把它的福利扩大到全社会，相关的产品信息没有大规模传播的必要和可能；同时世界还处在封建专制的统治之下，完整统一的区域市场和世界市场都尚未形成；创办一份现代报纸所需要的政治、经济、文化和技术条件都没有诞生。因此，16到18世纪报纸的内容主要限于商业信息和商界读者也就容易理解了。

从18世纪60年代到19世纪中叶，西方完成了工业革命。工业革命使生产力有了空前的提高。“大不列颠首先受到这方面的影响，使其资本从1750年的5亿英镑增长到1800年的15亿英镑，1833年的25亿英镑和1865年的60亿英镑”[28]。同时城市人口空前扩大，1851年英国城市人口占52%，到1890年达到90%。斯塔夫里阿诺斯认为，英国工业革命的后果是“处于社会顶层的少数人和底层的多数人的收入增长，使得消费社会第一次在人类历史上在英国出现成为可能。……在此前的社会中，大众的收入太微薄，以致一半到3/4的收入必须用来购买食物，剩余的极少的钱还得购买其他必需品”。[29] N.McKendrick甚至断定：“新消费主义使得各阶层开始购买他们从前从未有机会购买的、甚至比以前更大范围的商品。……社会模仿的巧妙使用使本来只买‘体面商品’的人购买‘奢侈品’，使本来只购买‘必需品’的人购买‘体面商品’……事实上，时尚及其利用者提高了人们‘金钱准则的水平’。”这种大众消费主义变成了全球20世纪的社会标志。[30]

经济的发展、城市的扩张、消费社会的到来以及西方社会实行的政治民主化和市场民主化，加上自由自在的个人取代了大多数人被束缚、被奴役的传统社会组织，“城市居民结成一个个经济和文化单位，日益需要通过日报来获悉有关城市生活的故事和他们的普遍兴趣。”[31]，而企业也迫切需要把大量的商品推向市场，于是一种面向所有公众而不仅仅是商人阶层的媒介就出现了。

19世纪30年代便士报在美国诞生，可以看做是现代报纸的滥觞。1833年本杰明·戴创办的纽约《太阳报》首开便士报先河。《太阳报》创刊号宣称：“本报的目的是办一份人人都能买得起的报纸，为公众报道当天的新闻，同时提供有利的广告媒介。”[32]如果说以前的报纸都是为有产者服务，那么大众报纸从诞生之日起就是面向所有阶层的，戴之所以取名为《太阳报》就是要照耀所有人。[33]其后，《纽约先驱报》《纽约论坛报》先后创立。“到1840年，美国4个最大的城市都有了便士报。它们的新闻方针大抵相似：大量刊登本地新闻，特别注重人情味报道，不惜为报道娱乐材料投入大量财力……越来越多的重要新闻悄悄地登上版面，这些便士报在大胆放开手脚采集新闻方面起到了带头作用。”[34]1851年创刊的《纽约时报》同样在创刊号上宣称：“我们的《纽约时报》将永远站在道德、工业、教育结合宗教的立场上，报道世界各地新闻，成为纽约最好的报纸。” Michael Schudson指出：“便士报不仅在经济结构和政治立场，更在内容上首创先例。便士报的原创性可以一语概之——那就是它发明了现代人观念中的‘新闻’”[35]James Parton同样指出，一份成功的报纸“全赖它取得新闻及呈现新闻的技术，报纸两字已经意指新闻工作者对一个事件正确且完整的报道”，[36]与美国便士报的出现几乎同时，欧洲重要国家也进入了“便士报时代”。英国先后诞生了《每日电讯报》（1855年）、《每日邮报》（1896年），法国先后诞

生了《新闻报》（1836年）、《小日报》（1863年）、《巴黎小报》（1876年）、《晨报》等大众化新闻报纸。

在中国，19世纪早期也出现了很多外国人在中国创办的报纸，这些报纸尚不具备完全意义上的近代报纸的形态，但报道新闻则是它们共有的特点。19世纪后期，中国出现了《申江新报》（缩写为《申报》，1872年，上海）、《昭文新报》（1873年，汉口）、《循环日报》（1874年，香港）。其中，《申报》是近代中国新闻史上出版时间最长的新闻纸（1949年5月26日才停刊），《申报》从创刊的第一天起，就十分重视新闻报道。它的创刊号《本馆告白》开宗明义地说："一切可惊可愕可喜之事，足以新人听闻者，靡不毕载。"创刊一个月以后，又连续两天刊登《采访新闻启》，明确宣布重点征集新闻稿件，并罗列了十项新闻征集内容。1875年，光绪元年乙亥六月初六《申报》又登告白，说："启者：本馆立志欲将中国境内各紧要消息采录无遗，将当今除弊兴利之大端，随时而讨论也。"，为此，《申报》在本埠、外埠各地广泛招聘访员，建立自己的通讯队伍。[37]总之，近代报纸在向现代报纸演化的过程中，牢固确立了在新闻在报纸中的核心地位。

在马克思和恩格斯的著作中，对报纸作为新闻载体基本职能的论述很多。"报纸的基本职能是新闻的载体"这一点，对马克思和恩格斯来说，是不言而喻的。[38]

再从词源来分析报纸的固有特性。法国学者让–诺埃尔·让纳内认为报纸诞生于古藤堡发明印刷术之后、15世纪后半叶的欧洲。[39]这种印刷报纸在意大利被称为"Gazette"。美国新闻史家米切尔·斯蒂芬斯指出，"Gazette"是"公报"的意思，所以早期报纸都叫"某某公报"，英国17世纪最重要的报纸是《牛津公报》（Oxford Gazette）；法国大革命以前的主要报纸是《法兰西公报》（Gazette de France）。北美报纸的先驱是《波士顿公报》（Boston Gazette，1719年），随后，威廉·布福雷德创办了《纽约公报》（New York Gazette），威廉·帕克斯创办了《马里兰公报》（Maryland Gazette，1727年），本杰明·富兰克林编辑的第一份报纸叫《宾夕法尼亚公报》（Pennsyhania Gazette，1729年），还有《纽约信使公报》（New York

Gazette and Mercury，1778年），联邦党人创办的《合众国公报》（Gazette of the United States，1789年），弗雷诺主编的《国民公报》（National Gazette，1791年）等。米切尔·斯蒂芬斯认为，“Gazzette”（格塞塔）可能是一种威尼斯硬币。“在16世纪的威尼斯，一格塞塔可以买一份手抄新闻周报，或请人大声朗读一遍周报内容。新闻纸本身也叫‘格塞塔’。后来很多地区都用这个词称呼早期报纸……此外，俄语中‘报纸’也叫‘格塞塔’（Gazeta）。”[40]多数研究都认为，16世纪的威尼斯人发明了被称作“格塞塔”的定期新闻出版物。无论这个意大利的起源如何，到1596年，这个词已经远播到英国等地，用以称呼一组时事信息。[41]可见，从一开始报纸就与“新闻报道”结下了不解之缘。

中国近代新闻史家戈公振在其《中国报学史》中首先研究了“报纸的原质”，他所谓的“报纸的原质”与我们这里讨论的“报纸的固有特性”当属于同一概念。他说：“大凡事物之原质，其特色必具恒存性；尤以事物之发生，经过一切发达之过程，即在任何时代，该事物之形式上有发展之特色，方可谓之原质。”然后他通过一番讨论以后，认为：“报纸之原质，质言之，即新闻公布之谓也。”[42]这正与我们的结论一致。

进入20世纪，近代报纸完成了向“现代报纸”的转化，包括报业产业化、版面多样化、记者职业化、报道专业化等。按照李普曼关于报纸自然进化的观点，报纸发展进入第四阶段，就是“专业”新闻阶段。新闻，成为报纸之所以为报纸的本质要素；新闻报道成为报纸的固有特性。

中华人民共和国国家新闻出版局出台的《报纸管理暂行规定》也正是这样来定义报纸的：“本规定所称报纸，是指有固定名称、刊期、开版，以新闻报道为主要内容，每周至少出版一期的散页连续出版物。”

3.2.2 “一组”固有特性

按照前面的定义，质量是“一组固有特性满足要求的程度”，那么报纸除了“新闻报道”这一固有特性以外，还有没有其他固有特性呢？

按照拉斯韦尔关于传播功能的论述，传播有三大功能。即，守望环境、协调反应、传递文明。这三大功能从新闻媒介来说，主要就是守望环境的功能。因为“协调反应”只是媒介信息传播所产生的效果，不是媒介的直接功能；而“传递文明”则非新闻媒体的特有功能，也就是说不是它的固有特性，其他，如出版、教育承担了更大的任务，没有新闻媒介以前，人类文明就在进行传递。另一方面，美国社会学家莱特还在拉斯韦尔的基础上给媒体补充了一个新的功能——“娱乐”。总结起来就是，新闻媒介的主要功能就是守望环境，即进行新闻报道；其次是提供娱乐。[43]

进一步，报纸仅仅报道新闻显然无法完全起到守望环境作用，因为新闻是对事实的一种报道，而事实为什么要发生、发生以后会产生什么后果等，新闻媒体还有解释的必要，以使人明白新闻事实之所由、未来之所往。解释有两种途径，一是通过解释性新闻来进行，其实就是新闻报道；二是通过言论来解释。虽然新闻言论貌似独立于新闻报道，但其任务依然是守望环境，是为了守望环境而存在的；而且很多新闻言论是附属于新闻报道的，因此新闻评论可以视为新闻报道的一个特殊种类，有些著作称为评论性新闻。

从提供娱乐来说有三种情况。一是新闻报道本身可以提供娱乐。一些社会新闻或趣味性很强的新闻其娱乐价值自不待言，早期的《太阳报》就主要靠人情味新闻和煽情新闻来吸引读者，这些新闻都具有很强的娱乐性（而且人情味最终成为新闻的重要特征之一）。而一般新闻由于向读者传达了环境变动的真实信息，消除了读者的不确定性，从心理学来说，是一种心理能量的释放，本身就带有天然的娱乐性。二是一些非严肃的新闻，记者编辑往往要进行娱乐化的表现，增强了新闻的娱乐性。三是通过报道娱乐事件来提供娱乐。显然，无论哪种情况都属于“新闻报道”的范畴，也就是说，娱乐并非报纸的一个独立的特性，而是报纸新闻报道的衍生功能（我在《新闻娱乐化的辩证批判》这篇论文中，对相关问题进行过系统论述，可以参看）。[44]当然，有的报纸还通过刊登文艺作品来提供娱乐，但这主要是期刊和出版社的职能，对于报纸来说只是丰富内容的一种手段，是附带的职能和赋予的特性，不在报纸的固有特性之列。

通过以上讨论可见，报纸质量就是“新闻报道”这一固有特性满足要求的程度，而“要求”的公共目标就是新闻报道要起到守望环境、解释环境、提供娱乐的作用。

3.3 报纸质量：满足要求的程度

3.3.1 满足谁的要求

既然报纸的固有特性是报道新闻，报纸的质量就自然是新闻报道满足要求的程度。那么，满足谁的要求呢？这是需要进一步回答的一个关键问题。

我们把这个“谁”所涉及的对象称为报纸质量的“相关方”。从报纸创办、形成和发展的过程和条件来分析，对报纸有要求的相关方主要有以下几个方面。

投资机构。办报纸需要钱，投资办报目的之一是为了赚钱（当然，如果办一张公益性的报纸，虽然不为了赚钱，但同样要满足投资人维护社会公共利益的要求）。也就是说，投资机构是需要满足的对象之一。

媒介机构。办报需要一个健全的机构，承担报社运转的各种职能。这个机构从总编辑到员工，对报纸同样有要求；有共同要求，也有个性化要求。共同要求通过报纸的编辑方针来体现，个性化要求通过记者、编辑自身的职业理想来体现。

读者。办报肯定是为了让读者阅读，有了读者，报纸才有产生经济效益和社会效益的可能，反之亦然。因此，读者的要求就成了报纸需要满足的重要对象。

销售机构。跟电子媒介不一样，报纸必须送达读者手中，才能最终实现新闻传播，因此，报纸需要销售机构将报纸运抵方便读者购买的地方、甚至直接送到读者手中。销售机构要报纸好卖，以获取更多的销售利益，自然对报纸有要求。除了报纸销售机构以外，报纸还有版面销售机构，就是把版面卖给广告商，报纸办得好，广告版面自然会销售得好。所以，报纸广告经营部门和广告代理商对报纸也有要求。

广告商。报纸销售达到一定数量以后，会吸引广告商投放广告。广告效果的好坏，直接取决于读者的数量、构成以及广告编排的质量等，因此，广告商对报纸也有自己的要求。

报道对象。很多新闻都是对人类活动的报道，因此，报道就必然会涉及人。对被涉及的报道者如何呈现，被报道者也有要求，比如要求是匿名的、不侵犯隐私权的等等。

媒介管理者。新闻，虽然是新近发生的事实，但新闻报道毕竟是人们对新近发生的事实进行选择、加工和传播的过程，不同的内容选择、不同的加工组合、不同的版面语言，就会产生不同的社会效果。因此，新闻报道需要代表国家权利的媒介管理机构对媒介新闻报道进行管理，包括法律的、制度的、政策的、纪律的管理，这种管理往往是依据一些具体的条文来进行的，是硬性的。这样一来，新闻报道就必须满足媒介管理者的要求。

媒介批评者。报纸发行以后，除了媒介管理者对新闻报道有硬性的要求以外，媒介批评者还会从政治、经济、文化、道德等多种角度对报纸新闻报道进行批评。因此，媒介批评者对新闻报道同样有很多要求。

非读者。报纸新闻报道出来以后，可能会制造“极为重要的正面或负面的外部性。外部性的一般定义是，不参与交易的某些人，因为交易所涉及的某些品项之生产或使用，对于这些第三者产生了价值。”[45]比如，新闻报道可能引发社会舆论运动，如果这种舆论对非读者而言是好的舆论，新闻报道就产生了正面的外部效应；如果可能影响到非读者的利益，新闻报道就产生了负面的外部效应。因此，非读者对新闻报道同样有自己的要求。

也就是说，报纸新闻报道至少必须满足以上9种利益相关方的要求。当然，现实生活中，这些相关方是重叠交集的。例如，读者可能既是媒介管理者，又是媒介批评者，还可能是报道对象，或者是广告商，或者是投资机构等。投资机构可能既是媒介机构的成员，也可能是广告客户，还可能是销售机构，当然也是读者。广告商既是读者，又可能是投资者，也可能是媒介管理者，还可能是被报道对象等。

3.3.2 满足什么要求

1. 要求的共性和个性

找到了满足谁的要求，接下来就要讨论报纸新闻报道到底要满足什么要求。鉴于所有这些各相关方都可以视为报纸的读者，所以我们把他们的要求分为“共性化要求”和“差异化要求”两种情况。

首先是“共性化要求”。按照媒介功能理论，报纸各相关方对报纸的“共性化要求”就是：第一，报纸的新闻报道必须及时、真实地反映社会系统变动的信息，以便人们依据这种变动调整自己的行为。讲求时效性、接近性、显著性、重要性和人情味。第二，报纸报道新闻的过程中，必须尽量对新闻事件的发生、发展做出科学解释，指导人们采取正确行动；并在这个过程中为社会成员提供娱乐、放松精神。当然，贯穿这个过程的还有一个重要内容，那就是要通过新闻向读者传播正确的知识、价值观和社会规范，达成社会应有的凝聚与认同，促进社会有序演化。

这几者不是彼此孤立的，但也不是简单的加和关系，它们都要围绕新闻报道这个核心来选材和表达的。即使是副刊，它也必须“具有新闻性、文艺性、知识性、趣味性”[46]或者说具有“新闻性、现实性、可读性、群众性”。即使刊登文学作品，也必须具备很强的现实关怀。[47]也就是说，新闻报道、身心娱乐、文化传播，此三者都是以新闻性为核心的。因此，获得及时、真实、新鲜的新闻报道，获得正确的行动指导，获得健康的娱乐，并在这个过程中形成正确的价值观是报纸各相关方对报纸的共同要求。这就是报纸质量的本质内涵。

概括起来说就是，报纸进行及时、真实的新闻报道，并给予必要的解释就是报纸的核心功能或者固有特性；报纸质量就是报纸新闻报道和新闻言论满足各相关方要求的程度。

其次，是“差异化要求”。按照布尔迪厄的理论，报纸就是一个新闻场域。“从分析的角度来看，一个场域就是可以被定义为在各个位置之间存在的客观关系的一个网络，或一个构型。”[48]报纸新闻场域就是报纸的各个利

益诉求主体组成的一个“力场”，不同的主体由于在这个场域中所具有的结构能力不同，所占据的“位置”也就不同，相应的，对新闻报道的要求也就呈现出明显的差异。主要表现在以下几个方面：

从投资主体来说，其要求主要在于通过新闻报道吸引读者，完成第一次售卖；然后把读者（注意力）卖给广告客户，完成第二次售卖，以获得媒介销售收入和广告收入，实现资本的保值增值。在这种情况下，新闻报道就是为投资人利益服务的商品。投资人对新闻报道的要求就是新闻必须满足读者的需要，内容应该具有人情味、娱乐性，具有很高的出版质量，等等，凡是有利于扩大报纸销售的手段都可以使用，甚至对虚假新闻也能够容忍（当然，从经济学来说，扩大销量还存在一个规模经济和规模不经济的问题，这是另外一个问题）。但投资人的要求不是孤立的，新闻报道在满足读者要求的同时，还必须满足其他各个相关方的要求，充分考虑场域中各相关方的利益，特别是主流意识形态的要求，如此才能顺利实现两次售卖。如果新闻报道对某一方的利益造成了损害，比如，侵犯了信源，或者报道主角的隐私，报纸就可能面临官司，以致损害报纸形象、减少发行量；发行量的减少又会损害广告客户的利益，进而影响报纸的经济效益。又如，报纸触犯了媒介管理者相关的政策或纪律，轻则遭遇处罚、重则危及报纸存亡。因此，投资人和相应的媒介机构都总会在权衡各方利益的基础上，要求新闻报道掌握好适宜的尺度，以免产生多米诺骨效应。当然，通过投资以赚取利润为第一要务、社会效益只是作为一种战术原则的报纸，都是大众报纸；对于把社会效益放在首位的报纸而言，通常情况下不存在违背或危害主流意识形态的风险，比如党报一般不会出现触碰红线的问题。

从媒介机构来说，报纸虽然得益于投资人的金融资本，但媒介机构也有自己的文化资本，包括职业理想、专业技能、专业操守，等等，以真实的新闻示人是他们的责任，实现良好社会效益是媒介机构的首要目标。当然，媒介机构的独特要求同样可能会与其他各个相关方发生冲突，比如媒介可能从公众利益出发，刊登与投资者、或者与投资者有关联的企业的负面新闻，这就很可能与投资人发生冲突；媒介也可能基于反思和批判的精神，刊登批评政府的新闻，这同样可能与媒介管理者发生冲突。在这种情况下，媒介机构为了保证报纸自身的安全，也需要与其他各方进行妥协，以更好地实现自己的目标。比如媒体需要金钱，也就需要跟投资人妥协；媒介基于自身的发展，就必须与媒介管理者妥协，等等。

读者则是攸关报纸生存与发展的关键要素，因为没有了读者，报纸就没有了任何意义。读者的维系需要报纸从质量和数量上发表能够满足其需要的真实的新闻信息，能够传播与他们、或者他们认可的价值观一致的内容。违背这两条原则，报纸的公信力就会下降，报纸的质量就难以满足读者的要求，逐渐被读者所抛弃。

报纸销售机构是报纸新闻传播的一个重要环节。没有销售机构把报纸送到读者手里、或者送到方便读者购买的地方，报纸就无法进行新闻传播。销售机构愿意这样做，通常是因为报纸的新闻能够满足读者的要求，否则，报纸卖不出去，销售机构的劳动无法实现价值补偿和价值增值，就不会有任何积极性来为报纸的新闻传播提供服务。广告代理商也一样，如果报纸广告效果不好，代理商就缺乏为报纸组织广告的积极性，或者根本就不愿意来报纸上广告。

信源，或者被报道对象。他们可能要求新闻报道必须真实地传达他们所提供的信息，不要传走了样；可能希望记者能够保证自己的隐私权不受侵害；可能要求记者遵守承诺，该报道的报道、不该报道的不报道；也可能希望报纸能把他们提供的新闻放在重要版位、进行很好的编辑包装处理，等等。

广告客户当然希望报纸新闻报道量大质高，发行量大、阅读率高、读者构成符合广告的产品定位；同时希望自己刊登的广告印刷质量好，突出、醒目等。让自己的广告有较高的到达率、暴露频次和毛评点，更好地实现广告产品或服务的销售收入，即使是公益广告或者政治广告，也希望实现更好的传播效果。

而媒介管理者则希望报纸遵纪守法，坚持正确的舆论导向，传播和坚守主流意识形态，共同维护社会肌体的健康和稳定。

媒介批评者往往也是社会主流价值观的维护者，与媒介管理者有完全一致的态度、立场和批评视角，比如，我国各级党委宣传部、各级新闻行政管

理部门的新闻阅评机构，还有一些期刊开设的媒介批评专栏。当然也可能是对社会采取批判和反思立场的知识分子，希望维护意见市场的多样性，保持意识形态有一个合理的生态。比如，一些专业的媒介批评者、专业的媒介批评期刊或专栏。他们的目的仍然是为了社会的发展和百姓的福祉，与媒介管理者的意图殊途同归。

2. 要求的结构关系

以上我们简要说明了报纸各个相关方对报纸的要求。其实，这9个相关方对报纸的“要求”并不是势均力敌的，而是一个有主有次的“场域结构”，有的居于政治主导地位、有的居于市场主导地位、有的居于内容主导地位；有的居于领导地位、有的居于服从地位或依附地位。贝克在讨论传媒产品的特征时指出，传媒各方“影响力的走向有一个趋势，会往特定方向游动——迎合力量较大的买主；迎合具备较多知识的买主，他们比较能够掌握传媒在多大水平上服务了他们的利益。”[49]力量较大的、知识较多的买主，就是可以决定报纸命运的买主。西方马克思主义者阿尔都塞认为，上层建筑可以分为两个部分，即强制性国家机器和意识形态国家机器，前者包括军队、警察、法院等系统，后者包括传媒、教会、学校、文化艺术、工会、体育活动等。[50]作为传媒之一种的报刊当然也不例外，它从属于意识形态国家机器。因此，在这9个相关方中，代表国家权力的媒介管理者对媒介的要求在整个要求格局中就居于政治主导地位，在新闻场域中属于在政治上“有结构能力的结构”。如果把媒介管理者当做“买主”的话，那它就是力量较大的、知识较多的“买主”之一。面对各方需求，按照阿尔都塞的观点，就必须把满足媒介管理者的政治要求作为前提，然后再分析怎么满足其他各相关方的要求；如果把任何一个其他相关方的要求作为前提，就会破坏这种场域结构，从而影响报纸质量，严重的可能导致报纸的坍塌。

不过，媒介管理者的要求毕竟只是对报纸的政治要求，因为他们购买报纸的目的主要不是为了获得信息，而是监督媒介内容和内容编排的政治方向；或者说为了维护全社会的利益。因此，媒介管理者只是报纸政治方向的主导者，并不是媒介内容的真正消费者，也就不是报纸真正的“买主”，或者说市场主导者。报纸的真正买主应该是报纸内容的实际消费者，那就是读者（尽管具体到媒介管理者个人，他也可能是读者）。也就是说，媒介管理者的要求无论有多么强大的力量，对报纸的要求只是一种外在要求；而且这种要求对所有媒体都是一致的、同样的。它是对媒介行为规范、媒介内容性质、媒介舆论引导方向等的约束；只要在这个约束框架内办报，就相当于满足了媒介管理者的要求。在约束框架内，最核心的要求是读者的要求，读者才是报纸的市场主导者。如果没有读者，报纸的存在就没有任何意义，所谓媒介管理者的要求、或者是其他各方的要求也就无从谈起，因为他们都是因读者而生发出来的。也就是说，从对报纸的内在要求以及市场的角度看，读者是报纸生存与发展的根本，它才是真正的、力量较大的买主。这9个相关方之间的结构性关系可以用下图（图3-1）表示。

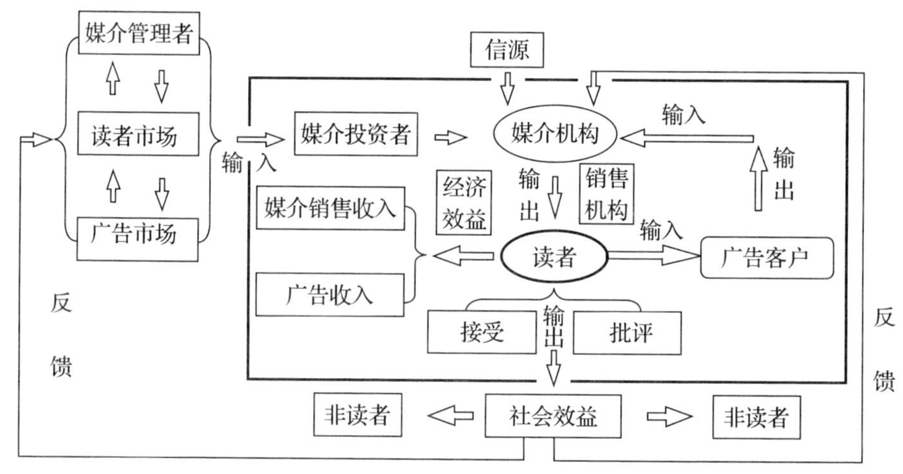

图3-1　媒介系统各相关方要求的结构性关系

图3-1中间黑色粗框所表示的范围属于媒介系统本身，粗框外面的系统表示媒介系统所处的环境。任何媒介都是“嵌入”（格兰诺维特）环境系统的，因此在嵌入之前主要考量的环境要素是媒介管理者的政治要求以及读者市场和广告市场的情况，并综合这些要素对媒介的要求，然后做出投资决策。读者市场和广告市场是报纸生存发展之本，把握读者市场的需求，再把这种需求和广告市场的需求很好地结合起来，是报纸创办前的主要工作。如

果对读者市场的要求没有充分的把握，报纸出版以后就没有多少人阅读；没有足够读者的报纸自然就没有广告，没有广告，报纸就很难实现自身的价值补偿和价值增值，报纸就难以办下去。进一步的，即使有足够的读者，如果读者结构（年龄结构、收入结构、学历结构、消费结构、城乡结构等）和广告市场客户的需求不相契合，广告客户也不会来做广告。读者结构由什么决定？报纸内容。比如，娱乐新闻多的报纸会吸引很多年轻读者，时政新闻多的报纸会吸引很多精英阶层的人士，房地产新闻多的报纸，会聚集大量房地产领域的消费者，等等，媒介机构就是报纸内容主导者。好的内容结构就会有一个好的广告结构，就能够给报纸带来较好的经济效益。但是“好的内容结构”除了读者认可、广告客户认可以外，还需要媒介管理者认可，只要媒介管理者不认可，读者和广告客户再怎么认可，这种内容也不能和无法生产出来。好在媒介管理者的认可条件是宏观的、基本上是明晰的，很容易把握；而读者的要求则是模糊的、多元的、动态的、复杂的，因此，把握读者的要求和认可条件是核心。只要读者的数量足够大，读者的结构层次丰富，总会有适合广告商的部分。从系统论的角度来说，媒介管理者的要求、读者市场的要求和广告客户的要求可以统称为媒介系统的“环境约束条件”，它们是环境向媒介系统输入的信息，是媒介决策的客观依据。

报纸适应环境条件嵌入以后，通过信源获得相关信息，加工成为报纸；再通过销售系统到达读者手中，读者通过阅读（接受）和批评产生社会效益，并影响非读者。相关的信息一方面反馈到约束条件系统，约束条件系统经由媒介投资者，或者直接反馈到媒介机构。媒介机构根据反馈的相关信息，对自己的行为进行调整和适应。如果能够很好地适应环境，媒介系统的嵌入就会产生鲁棒性（LUBERS），使嵌入更加稳固，否则媒介系统就会产生脆性，出现崩溃之虞。

媒介达到读者手中产生社会效益的同时，读者本身的注意力成为受广告客户关注的一种商品。如果读者构成与广告客户契合，广告客户就会向媒介机构购买版面，分享读者的注意力。读者注意力的相关信息对于广告客户来说是一种输入，广告客户再把这种信息变成“能量”（资本）输出给媒介机构，媒介机构变成一种输入，既有信息的输入，也有资本的输入。信息的输入可以作为媒介内容的调节机制，资本的输入可以解决媒介生产的价值补偿和价值增值。这就是媒介的经济效益，包括媒介销售收益、媒介广告收益。

从图3-1再来讨论媒介管理者和读者之间的关系，就更清楚了。从图3-1可以看出媒介管理者的外在要求与读者的内在要求两者的关系。首先，读者的要求对报纸新闻报道来说属于战略性要求，包括报纸服务的"主要内容"、内容实现的"主要手段和方式"、服务对象的"规模和范围"等。媒介管理者的要求对新闻报道来说则属于约束性要求，对于报纸而言是策略性要求，策略性要求包括战略策略和战术策略。作为一种外在约束，战略策略确定报纸内容服务的"边界"，能提供什么、不能提供什么；战术策略是战略原则的具体化，是对具体行为的约束，包括某一个新闻事件是否需要报道，如果报道，采取什么报道方式、报道角度等。也就是说，媒介管理者的要求已经在报纸创办以前就通过制度化的形式给予了满足，当报纸创办以后，报纸的核心就是在严格执行这种制度化的规范的前提下，满足读者的要求。其次，二者之间，读者解决报纸"为什么要做和在哪个市场区隔里做"的战略问题、媒介管理者解决"怎么做最安全"的策略问题，读者的要求是让你知道"可能"干什么、而媒介管理者的要求则是让你知道"可以"干什么；媒介管理者的要求事关全社会的福利，而读者的要求则只是部分民众的福利，满足部分民众的福利必须以不损害全社会的福利、甚至增加全社会的福利为前提。最后，不同的报纸，其读者群对自己的报纸内容有不同的要求，而媒介管理者对所有报纸的要求则都是相同的；不同的读者对报纸新闻报道有不同的要求，而对于媒介管理者来说，不管是具体由谁来执行媒介管理者的任务都必须遵守既有的规定和法则；报纸的新闻报道是天天都在变的，而媒介管理者的管理内容和管理方式则是长期保持不变的。

因此，可以说，读者的存在是其他8个相关方存在的基础，是媒介系统存在的核心要素和结构要素。核心要素是指如果读者这个相关方不存在了，其他各相关方就没有存在的理由，也就是说，其他相关方的要求是依附于读者的要求而存在和实现的（当然，没有报纸也就没有读者，但没有甲报却有乙报），读者居于领导地位。只要读者的要求解决好了，其他8个相关方的要求才有解决的可能，否则都是空谈。结构要素是指，从市场的角度说，读者才是报纸场域中最“有结构能力的结构”，它既决定媒介系统的性质、也决定媒介系统的功能（见表3-1）。

3.3.3 如何衡量满足要求的程度

1. 各相关方的要求满足程度的衡量特性

按照质量的定义，所谓满足要求的程度就是指报纸从内容到形式，对于满足报纸各个相关方的要求达到了一个什么水平：不好、较好、基本满足、很满足、完全满足，等等。

如前所言，对报纸有要求的相关方一共有9个方面，而且这些要求各不相同。从要求的领域重点看，有政治安全要求、经济利益要求、文化信息要求、社会发展要求；从要求主体的规模看，有个人要求、组织（群体）要求、阶层要求、共同要求；从要求与主体的关系看，有主观要求、客观要求、混合要求，等等。这些要求有些是一种客观的规制，如报业行政管理部门对报纸在法律法规、意识形态、舆论导向等方面的要求，这种要求是明示的、容易掌握；有的要求是某个经济指标，如投资者的要求、广告客户的要求，也易于评价；有的要求是一种个人权利，如信源的要求，不难满足。但有些要求是主观的、模糊的，满足的程度就难以把握和衡量，因为主观的要求有自身明确意识到的（只需要引导的要求）、也有潜在的（需要去发现的要求）、还有没有得到开发的（需要去创造的要求）。具体来说就是：

投资者的要求是具体的经济指标，这种要求是客观的、明晰的，可以通过报纸的财务指标来衡量。

媒介机构对报纸社会效益的要求是主观的（尽管其来源是客观的），具有模糊性和衡量的不易性。

读者的要求也是主观、模糊、不易衡量的。

报纸销售机构的要求可以通过发行目标和报纸实际的发行量之间的差距来评价，衡量是可行的。

信源的要求是客观明晰的，其满足程度一般是可见的。

广告客户的要求可以通过到达率、暴露频次和毛评点，或实际获得的销售增加额得到较为准确的衡量。

媒介批评者的要求同样是模糊而不确定的，具有衡量的模糊性。

广大的非读者当然要求报纸新闻报道不能产生不利于自己的外部性，这种要求无法预测，直接衡量更不可能。

媒介各相关方的要求及这些要求满，足程度的度量特性可以用“表3-1”表示。

表3-1　媒介各相关方要求满足程度的衡量特性

相关方	要求	要求特性及测量特性	要求的结构关系	满足程度度量特性
1. 媒介管理者	政治的、法律的等	客观明晰性 可测量	结构于读者	≧100%或≦100%
2. 媒介投资者	经济效益	客观明晰性 可测量	结构于读者	≧100%或≦100%
3. 媒介机构	社会效益	主观模糊性 不易测量	结构于读者	可模糊量化
4. 信源	个人的或组织的	客观明晰性 可测量	结构于媒介机构	≦100%
5. 媒介销售机构	发行量、发行收入	客观明晰性 可测量	结构于读者	≧100%或≦100%
6. 读者	内容实用性	主观模糊性 不易测量	结构于报纸	可模糊量化
7. 广告客户	到达率、毛评点	客观明晰性 可测量	结构于读者	≧100%或≦100%
8. 媒介批评者	社会效益	主观模糊性 不易测量	结构于读者	可模糊量化
9. 非读者	正外部性	主观模糊性 不易测量	结构于读者	可模糊量化
备注	≧100%或≦100%是指没有完全满足或超过满足期望值，就媒介管理者而言，超过满足期望指对主流意识形态做了很好的传播			

2. 要求的合理性及对评价主体的要求

但是，根据前文的讨论，所有这些要求中，读者的要求才是衡量报纸固有特性满足要求程度的核心。因为媒介管理者、投资者、广告客户、信源、媒介批评者、非读者、媒介销售机构以及报纸本身对报纸的要求，都是因为读者的存在而产生的，或者因为读者的存在而被结构进来的。所以围绕报纸满足读者要求的程度来评价报纸质量，对其余各相关方满足程度的评价就容易进行了。进一步的，如果在评价报纸是否满足读者要求的时候，评价本身就站在各相关方的立场上来进行这项工作，那么，如果报纸满足了读者的要求，也就满足了各相关方的要求；对读者满足程度的评价就可以视为是对报纸质量的评价。

要做到这一点，有两个关键问题需要解决，一是读者要求的合理性，这种合理性就是检验读者的要求是否会损害其他相关方的要求和社会的福利；如果读者的要求是不合理的，那么对读者要求的评价就无法作为对其他各相关方要求评价的准则。二是如何“把站在相关方的立场来评价”这一点，通过评价系统或评价过程本身反映出来，否则就仅仅只是说说而已。

事实上，前面已经谈到，读者的要求，从宏观层面来说，既决定于读者的需要，也决定于媒介管理者、媒介投资者、媒介机构的诉求；既不是报人一厢情愿决定的，也不完全是由读者左右的，而是报纸在创办之初，媒介机构通过科学的研究、综合各种复杂因素，特别是严格的政治考量以后，再结合读者的实际需要和自身的各种理想和信念而预设的，其合理性是客观的，已经得到了“先在的”、全面的论证，报社的办报方针一般就是对这种合理性的明确表述，之后出版的报纸只不过是方针的不断展开和体现。媒介机构自身的各种理想和信念客观上要与报纸所面对的读者群的理想和信念合拍，报纸才能被读者选择和接受。“合拍”，要么二者的理想和信念是一致的，要么报人的理想和信念是“同情”读者的理想和信念的。从微观层面来说，受报社人员素质、工作状态或人事变动等的影响，办报过程中很可能发生实际合理性偏离预设合理性的事情。如果这种偏离依然是合理的，比如，由于客观环境的变化、读者需求的变化，报纸需要不断适应这种变化，调整先在的合理性，则无可厚非；如果这种偏离，偏离了合理性本身，对读者要求的评价就无法作为评价其他各相关方的准则了。从实际情况看，对合理性的偏离只是偶然发生的，一旦有所偏离，报社自身的纠错机制和社会规制一般会让这种偏离重新回到合理的位置，否则报纸就办不下去了。因此，从读者合理性的客观性来源和合理性的变动情况两个方面来说，读者要求的合理性，可以作为报纸质量评价一个假设的、正确的前提来体认。

那么，如何站在相关方的立场来评价呢？站在相关方的立场实质上就是指报纸价值要符合所有相关方的要求，如果报纸价值可以最大限度地满足各相关方的要求，报纸的价值最高。从第二章的讨论看，评价总有评价主体和评价客体，从评价主体来说，媒介机构（报社）、读者、媒介管理部门、投资人、广告客户、媒介批评者、社会公众都可以是评价主体，基于自身的利益，这些评价主体所评价的客体是各不相同的，报纸和读者当然是评价新闻报道内容和形式的质量，媒介管理部门评价新闻报道的内容和形式是否符合宣传纪律、政策、法律法规的规定及其社会效益，投资者和广告客户评价读者群的结构和质量及其可能带来或已经带来的经济效益，媒介批评者和社会公众主要评价报纸的社会效益。显然，如果以相关方的任何一方作为评价主体，这种评价都不会是全面的，那么谁是最合适的评价主体呢？

媒介被称为“社会的公器”，也就是说，媒介应该视为社会的公共机构，为社会提供的是一种公共物品。因此，对媒介质量的评价应该基于公众普遍认同的价值观念、评价标准和规范来进行，评价主体也应该是代表全社会利益的权威裁判者。

仅仅说“基于公众普遍认同的价值观念、评价标准和规范”来进行评价是大而无当的。从报纸质量评价来说，这种观念、标准和规范包括以下三个层次。首先，报纸作为一种精神产品是根据人类以往累积的历史经验、文化和价值观念来生产的，最高的标准就是真、善、美，人们喜欢什么、不喜欢什么，什么是真的、什么是道德的、什么是美的，这些东西已经在人类历史长河中形成。具体到某一个群体，这些基本的人类价值观念是不变的、适用的，改变的只是具体地体现这些人类普适价值的产品和内容。从报纸来说，这种具体的产品和内容就是新闻报道。与其他精神产品相比，新闻报道作为一种独立的形式，有着自身的特征和规律，它是新闻报道之所以成为新闻报道，而不是其他任何精神产品的特殊矛盾性。因此，对新闻报道的评价就必须基于新闻自身的要求。进一步的，不同的报纸针对不同的读者群体，不同读者群体对于新闻报道又有着更具体的要求，党报要求新闻是“耳目”、是“喉舌”，市民报要求新闻是“生活”、是“消费”，因此，对新闻报道的评价还必须基于具体的读者的要求。

也就是说，报纸的评价主体是公共利益的代表者，评价客体是新闻报道，评价依据的是一系列客观性指标，这些客观性指标包括三个层次：一个是符合真善美的新闻报道，一个是符合新闻要求的新闻报道，再一个是符合读者要求的新闻报道。新闻报道本身就要体现和传播真善美，所以在对新闻报道制定具体的评价指标时，不用对真善美制定单独的指标，真善美作为一个前提是隐含在新闻报道之中的，只要符合新闻报道的具体要求就符合真善美的要求。而新闻报道的要求却不能代替读者的要求，因为对新闻报道的要求是一种专业的要求，如真实性、新鲜性等，读者的要求则是在新闻要求的前提下，新闻所提供的信息是否符合自己的需要，除了真实、新鲜以外，还要有用。这正如对医生的要求和患者对医生的要求不是一回事一样，医生要求有丰富的医学知识和临床经验、有精湛的医术，而患者对医生的要求就是能够治好自己的病。

那么，究竟谁是权威裁判者呢？简单地说，只要秉持上述观念来制定评价标准，不带任何成见和偏见的评价主体，都可以是权威裁判者。当然，独立于报纸各相关方的第三方应该是最好的，只有第三方才有可能站在各相关方的立场上来进行评价。

总的来说，如何衡量报纸新闻报道满足要求的程度呢？最大限度满足各相关方的要求是对报纸质量最高的要求；这个要求可以通过满足读者要求的程度来评价（当然，前面说过，读者要求是普遍的、合理的要求，而不是个别的、部分的、特殊的要求），因为其他相关方是由于读者的存在而存在的；满足读者要求的程度是通过新闻报道本身的质量来评价的。新闻报道本身的质量是建立在人类对真善美的追求、新闻对新闻报道本身的要求、读者对新闻报道的具体要求等客观指标上的，因此，可以据此建立一个科学合理的评价指标体系来衡量报纸新闻报道满足要求的程度，这个指标体系也就是对报纸质量评价的指标体系。

3.4 报纸质量评估：初步的内涵及问题的属性

讨论了有关报纸质量的一些核心问题，那么什么是“报纸质量评估”呢？显然，所谓报纸质量就是新闻报道满足各相关方（核心是读者）要求的程度。报纸质量评估就是对新闻报道质量的评估。

对报纸质量进行度量，并不是一个可以轻易给出评价方法的问题。因为相关方太多，尽管我们说媒介管理者是策略问题，读者是战略问题，但在评估实践中怎样看待这些问题，则不同的视角可以有不同的结论。其中最关键的是把报纸到底看成一个什么样的系统。

英国学者切克兰德创立了一种解决方法，叫“软系统方法”，专门解决难以观测、不便建模、边界模糊、目标不定、不良定义的问题，他把这类问题称为“具有劣结构的软问题”。与此相反，那些便于观察、便于建模、边界清晰、目标明确、好定义的问题则称为“具有良结构的硬问题”，相应的解决方法则叫“硬系统方法”。“报纸质量”显然是一个“具有劣结构的软问题”。前面我们使用了很多常识性的观点来讨论这个问题，但这只是对这个问题的“问题情景”（切克兰德）有了一个初步的认识。

软系统方法认为，对社会系统的认识离不开人的主观意识，社会系统是人的主观构造的产物。主观意识之间的差异和冲突往往会使人们对社会系统的认识出现矛盾。软系统方法提供了一套解决这类问题的步骤，使得系统内各成员之间开展自由的、开放的讨论和辩论，让各种观念都得到表现，从而解决人们认识过程中的矛盾，达成对系统的一致的、正确的认识，并提出系统改进的方案。[51]本研究后面的思考过程正是这样一个思维运动过程，只是略去了对过程的描述。

进一步，切克兰德还把系统分为自然系统、人工物质系统、人工精神系统和人类活动系统，报纸新闻报道就属于人类活动系统，所以相关问题才能形成“具有劣结构的软问题”。切克兰德的方法最适用于报纸质量研究的核心就是，他把人类活动系统当做一个变换系统，一定的输入产生一定的输出。先研究怎么样的输入才能产生理想的输出，然后将这种输入的一般结论，与现实的输出进行比较，发现输入所存在的问题，从而找到需要改善的现实问题。[52]从图3-1可以看到，媒介机构服务的质量和效益同样是一个输入与输出的问题，有关输入的原则、输入的条件，或者按切克兰德所说的“理想的输出”是预先给定的，由于现实是不定的，具体的输入、输入的过程、输入的人员条件，甚至预先的输入条件本身都会影响输入的结果，因此，在理想的输出给定的情况下，保证报纸质量的重要条件就是管理好输入的过程。

从图3-1还可以看出，输出结果主要是社会效益和经济效益，对于这两种输出结果，怎样衡量呢？由于报纸是一种意识形态产品，因此衡量这种输出的原则是社会效益优先。由于精神产品社会效益往往是延时的，而且受读者复杂性和接受复杂性的制约，衡量标准很不容易确定，所以，所谓输出的理想状态只能按人类精神产品的一般标准进行事前的预测，也就是根据以往精神产品影响社会历史经验教训，对产品本身进行评价；当然，历史标准并不是唯一标准，还得结合媒介的意识形态标准和当下的社会发展要求，来确定这个产品评价标准。通过这种方式找到报纸输入的一般方法，检验报纸输出的“不安”（切克兰德）状态，就能够找到度量报纸质量的评价体系。前面第二章的形成性评价就是对输入的评价，总结性评价就是对输出的评价，报纸质量评价主要是总结性评价，通过总结性评价的反馈，来改变形成性评价、改变报纸的输入状态，进而提高报纸质量。

3.5 本章小结

按照质量的标准定义，报纸质量就是“报纸的一组固有特性满足要求的程度”。从发生学的角度研究，报纸的固有特性就是新闻报道。需要满足的对象包括投资人、报社、读者、销售商、广告客户、被采访对象、媒介评论者、非读者、报纸行政管理机构等9个方面。这9个方面对报纸的要求既有共性、也有个性，其中满足读者的要求居于首位，是报纸的根本战略，而满足报纸行政管理机构的要求则是保证这个根本战略能够顺利实施的、最基本的策略，报纸质量评估就是对报纸新闻报道满足这9个方面要求的程度的度量，核心是满足读者的要求。如何评价报纸对读者要求满足的程度呢？根据精神产品生产和消费的特性，评价报纸新闻文本的质量就可以评价报纸对读者要求的满足程度。最后，报纸质量评价问题是一个“具有劣结构的软问题”，需要以软系统方法为指导来进行研究。

第四章 报纸质量的特殊性

报纸的固有特性是新闻报道，然而新闻期刊、广播、电视、互联网等都要进行新闻报道，那么，报纸新闻报道与其他媒体相比有什么特殊性呢？这个特殊性正是报纸质量的特殊性之所在。

马歇尔·麦克卢汉有一个著名的命题“媒介即讯息”，亦即“媒介决定感知方式”、[53]“媒介（亦名为人的延伸）是一种‘使事情所以然’的动因，而不是‘使人知其然’的动因。”[54]。意谓，媒介不仅仅只是讯息、内容的载体，恰恰是讯息和内容的塑造者；不同媒介，内容结构方式不同（“所以然”），人们对内容的感知方式也不同。报刊、电视、电台、互联网都要进行新闻报道，因此它们的新闻报道都有着不同的结构方式以及借此而决定的受众不同的感知方式。

报纸新闻报道的结构方式就是报纸新闻报道的特殊性，这个特殊性是决定我们如何评价报纸质量的一个重要问题，弄清这个问题是我们建立报纸质量评价体系的一个最基本的前提。本章即是对此进行的一次探索。

4.1 媒介新闻报道的共性

4.1.1 关于新闻

讨论新闻报道的特殊性自然会碰到一个绕不开的话题，那就是先要明确什么是新闻。冗长的讨论已没有必要，我们这里直接采用陆定一的定义并略作说明。

陆氏于1943年9月1日在延安《解放日报》上发表了《我们对于新闻学的基本观点》一文，指出新闻“就是新近发生的事实的报道”。

这个定义包括了四个要点：

第一，新闻与“事实”有关，已经发生的“事实”是新闻存在的必要条件；

第二，这个“事实”不是任何已经发生的事实，而是“新近发生的”事实，这是新闻存在的第二个必要条件；

第三，事实本身并不是新闻，而是对事实的“报道”才是新闻，借用黑格尔的哲学概念来说，新近发生的事实，当它没有被报道时，处于自在状态，只有当它被报道以后，才处于自在自为状态，成为新闻；

第四，显然，新闻是主观见之于客观的东西，新闻报道是人们主观建构的产物，没有人类就没有新闻。大千世界每天都在发生各种各样的事实，但成为新闻的却在少数。为什么这些事实成为新闻，而另一些事实没有成为新闻呢？这完全是人们主观选择的结果。很多人说新闻是客观存在的，哪有啊？一个事实被新闻选择就是新闻，不被新闻选择就不是新闻。当然需要补充一句，事实是第一性的，新闻是第二性的。

4.1.2 关于事实

新闻是对事实的报道，然而“事实”这个概念也不是不证自明的，哲学对这个概念争吵了几百年，还是没有结果。经院式的讨论偏离本章的主题，这里直接给出我们对“事实”这个概念的认识：事实就是相互作用的事物被人们所发现、所识别、所析出的一种关系。

事物，包括两个方面，就是人与物（包括除人类以外的其他动物）；相互作用就是物与物、物与人、人与人之间的相互作用；被发现、被识别，就是发现了事物相互作用的某个关系，并识别了这种关系的性质；被析出，就是人们把这种相互作用的关系通过某种方式，或语言的，或文字的，或图像的，表达出来。当然，事与事之间也会相互作用，但是这些作用最终都可以

分解为人与物两个最基本的要素，都是由这两种最小作用单位相互作用的结果。

其次，事物之间相互作用的方式、手段、路径、目的和本质等是多种多样的。这些相互作用大致可以分为两大类型：一是自在的，所谓自在的，就是指自然发生的，没有谁特意安排，或者说是出于本能的，如刮风下雨，狼吃羊，这主要发生在自然界；二是自在自为的，就是这种相互作用是有明确的意识和目的的，如修建水库、战争，主要发生在人类社会。但无论是自在的、还是自在自为的相互作用，还是无意识、下意识的相互作用，它们都每时每刻都在发生，世界上没有不运动的物质，也没有无物质的运动。

这些相互作用有宏观的、中观的、微观的，这三个层次还可以细化为更多的层次；而且由于宇宙中事物的无比多样性，相互作用形式的千差万别，就形成了难以数计的相互作用关系。显然，这些难以数计的相互作用，能够被人们所发现、所识别、所析出的仅仅只是其中很微小的一个部分。大脑细胞每时每刻都在相互作用，但这些相互作用为什么能够产生思想和情感，我们至今也无从知晓；这些相互作用在哪一时刻突然会产生“脑卒中”，一般人同样难以发现。大气运动每时每刻都在发生，但某一时段，为什么会突然出现雾霾，我们过去没有预见，今天就只有惶恐。

被人们所反映的事物的相互作用，也仅仅只是其一个侧面、一个片段，或者说一种形式、一种关系。而由于事物之间相互作用方式、路径、目的、本质等的多样性，相互作用的复杂性，又使人们所反映的事实很可能不是事物之间的真实联系。颜回把沾了灰的饭送进自己口里吃了，孔子认为颜回是偷吃。孔子只看到了事物之间相互作用的外在关系，却没有看到人的心理与事物之间的内在联系，没有看到事物的真相。圣人尚且犯此错误，一般人也就可想而知了。

第三，事物相互作用过程中，被人们所反映的、某种真实的相互关系才是事实，否则都不是事实，或者叫“伪事实”。第四，事实可以用概念表示、也可以用命题表示。用概念表示，比如说“绿色”，它是人的眼睛与外在事物的光波相互作用以后，被人所发现的人眼与外在事物之间的一种色彩关系。“引力波”表达的是时空弯曲中的涟漪，以波的形式从辐射源向外传播。“太阳”指的是一颗恒星，相对于其他星球有着不同的运动状态和相互作用方式。用命题表示，“他是一位教授”，反映的是“他”与知识、与学生之间相互作用的一种关系，等等。金岳霖先生说：“事实是接受了的或安排了的所与”“……是意念与所与的混合物，我们既可以说它是套上意念的所与，也可以说是填入所与的意念。”[55]也就是先有“接受”和“安排”，其后才有事实，这正与我们所谓的“事实”概念一致。当然，说事实是被人所反映的一种关系，并不否定事实的客观属性，因为从时间顺序上来说，事物之间的相互作用在先，事实被人所接受在后，而新闻则是在“后之后”（因为事实不一定都是新闻）。按金岳霖的观点，“所与”是先在的，然后才有“安排”的事实。最后，新闻选择的过程是人的主观评价过程，在评价过程中，有人认为反常的事实才是新闻，有人认为具有普遍意义的事实才是新闻……于是，一些人为了让新闻的定义更加完善，在“事实”前面加上了各种各样的定语。实质上，这是徒劳无功的，因为这个定语永远也不可能令所有人满意。何以然？对事实的评价尺度往往因人、因时、因地而异。

4.1.3 新闻文本的特征

评价一个对象，首先需要确定评价指标，亦即找到能够确定地反映评价对象本质的特征依据。这些特征依据可以从不同侧面刻画对象所具有的某个方面的特征。把一系列相互联系的特征指标组成一个系统，就大致可以构成一个科学、完整的描述评价对象系统状态的评价指标体系。因此建立新闻文本质量的评价指标体系必须先确定新闻文本的特征。

新闻文本是什么呢？如果新闻事实是被人们所反映的、事物相互作用的一种关系，那么，当我们把这种关系通过某种符号系统（语言的或影像的）表达出来以后，这种表达就是新闻文本。新闻文本的特征就是建立新闻文本质量评价指标体系的出发点和核心依据。

那么新闻文本有哪些特征呢？

要回答这个问题，首先就必须弄清楚新闻报道的目的是什么，也就是要明白人类为何需要新闻？按照拉斯韦尔关于传播功能的论述，传播有三大功

能："（1）守望环境；（2）协调社会各部分以回应环境；（3）使社会遗产代代相传。"[56]而新闻媒介作为传播工具的一种，其核心的、显在的功能就是守望环境。至于"回应环境"则是新闻传播出去以后，人们根据环境变动的情况对自己的行为做出的调整，因此可以视为新闻传播所产生的效果，由于这种效果还需经过人们的心理转换过程才能实现，因此不是新闻媒介的直接功能；而"传承社会遗产"则非新闻媒体所特有，其他大众传播媒介（如出版）以及其他传播方式（如教育）等承担了更大的任务，没有新闻媒介以前，人类文明就在不断传承。弗林特说："报纸毕竟不能完全脱离人民大众。它应当起一个先导作用，走在大众前面，但不能太超前。即使是云柱和火柱也得停留在人群的视线之内，才能成功地引领大家前进。"[57]因此，新闻媒介的主要功能就是守望环境，即进行新闻报道。这个功能决定了新闻文本具有以下特征。

1. 真实性

守望环境，媒介就必须提供环境变动的真实信息，否则就会误导公众。因此，新闻报道的第一个特征就是，新闻必须真实。真实是从事物之间相互作用的真假出发的，新闻反映了事物之间相互作用的真实关系就是真实的。十一届三中全会以后，中央制定了《关于加快农业发展若干问题的决定》，《人民日报》连续发表了七八篇评论，中心是肃清"左"的影响。在责任制方面，主要宣传了"三个可以"。后一个可以是联产到组、包工到组。这些信息传递下去，很多地方开始搞包产到户，农村吃大锅饭的局面出现了改变迹象。但是，正当农村干部解放思想、大胆探索农业发展道路的时候，1979年3月15日，《人民日报》在头版刊发了一封洛阳读者的来信，还加了编者按，主题是反对包产到户。报道在各地迅速产生了强烈反响，很多人担心又要反"资本主义"了。农村刚刚兴起的思想解放运动被兜头泼了一盆冷水，农民的生产积极性受到极大的挫伤。后来《人民日报》采取了纠错措施，才把这场风波平息下来。[58]这就是，不真实的报道会让公众无所适从，甚至给国家和社会带来极大的危害。"希望得到真实信息，这是人的基本欲求。因为新闻是人们了解和思考自己身外世界的主要依据，所以有用和可靠成为最受重视的素质……真实会带来安全感，因为安全感来自知晓。真实是新闻的本质。”[59]。

2. 新鲜性

仅仅真实还不够，真实发生的事实很多，但并不见得都值得报道。新闻是“新近发生的事实”的报道，所以还必须讲求新鲜性——这也是守望环境题中应有之义，一条过时的环境变动信息于媒介守望环境的功能来说显然没有什么价值。

“新鲜性包括两方面的内涵：一是指信息在时间维度上的差异，即时效性或及时性；二是指信息在内容维度上的差异，即信息的新异性或新鲜性。前者指向新闻事件的发生与将这一事件的信息传播出去之间的时间间隔，后者一般是指向信息内容的变化及这种变化给人们带来的心理感受。”[60]两者之中，内容差异是相对的，时间差异是绝对的，即使内容完全相同的两则信息，也会由于时间差异而成为新闻。昨天报道“成都有雾霾”，今天还是报道“成都有雾霾”，内容没有差异，但“昨天”与“今天”的时间维度构成了差异，所以“今天”相同的内容依然是新闻。

真实、新鲜构成了新闻事实的本质特征（有人在这两个特征之外又增加了一个“公开性”，其实这完全没有必要，新闻是新近发生的事实的报道，没有被报道就不是新闻，报道就自然要公开，不公开怎么叫报道呢？因此，公开性是新闻定义的题中应有之义），只要具备了这两个条件的事实就具有了成为新闻的资格。

3. 实用性

但是具有了成为新闻的资格是否意味着就一定会成为新闻，或者说就值得报道、就会被报道呢？不一定。因为新闻是立足于人与事实之间的关系来定义的，这种关系就是一种价值关系，只有对人来说具有价值的事实才能成为新闻。因此有的事实虽然被人们所反映，但是没有意义，在广袤的、荒无人烟的戈壁上发生了一次3级地震，这很容易被地震台网获得，但没有报道的必要；邻家小孩生病了，这是真实新鲜的事实，但是这个小孩如果是一个普通的小孩，患的是普通的病，就没有报道的价值。刘建明先生在给新闻下定义时，在事实前面加了一个定语：“具有知悉意义的事实”，[61]我觉得这是正确的。“具有知悉意义”应该是指事实所表示的变动对人有价值。什么价值？陈力丹先生称为具有“使用价值”，“包括直接需要，比如我要做股票，就要看股市新闻，还有就是感兴趣，由于新奇而对事件产生了想了解的愿望。”[62]前引比尔·科瓦齐说“有用和可靠”是新闻最受重视的素质也是这个意思。因此，事实是否成为新闻，还要在真实和新鲜之外加上一个条件，那就是“实用”。

4. 正义性

但是，真实、新鲜、有用的事实是不是都值得报道呢？任何事物一旦跟具有能动性的人发生关系，往往就会变得复杂起来。真实、新鲜是新闻事实的特征，虽然属于人的认知性结论，但毕竟是新闻事实本身的、绝对的属性，但“有用”则不是。有用，是对新闻事实进行的价值判断，是基于新闻事实与人的关系来说的，因此，它只是一个相对的概念。对一些人有用的新闻对另一些人可能没有任何价值，停水停电的新闻只对相应片区的居民有用；甚至一些有用的新闻可能有害，或者对一些人有用的新闻对另一些人可能有害。笔者在某报社当记者期间，就曾经碰到过这样的事实。成都市金牛区防疫站有关人员介绍，有一种叫做“拉美斑潜蝇”的进口害虫入侵成都部分区县，上万亩豆科植物、绿叶蔬菜受到侵害。这种害虫潜藏在果实和叶片中间，很难被人们发现。如果误食，会给人体健康带来危害。而现实的情况是，这类蔬菜很可能已经有部分流入了市场。这个新闻事实对广大市民而言显然是有用的。但是如果报道出来，对菜农、菜贩、菜市场、政府相关部门等却可能带来极大的负面影响，甚至导致社会不稳定，因此我采写了却没有刊发（当然，相关部门后来及时采取行动，把所有受害的蔬菜都全部做了深埋、焚毁处理）。可见，有用的新闻也可能有害。特别是，一些对敌对势力有用的新闻显然对自己有害。2000年5月17日，南方都市报刊登《文化的根本在政治》一文，引用汉奸语言否定一切政治，就是对党的领导的攻击，对敌人有用，对党则造成了危害。2000年4月21日成都商报刊登了一幅《飞机下蛋》的新闻图片，照片文字说明是：“北约在4月19日发布的侦察照片显示，塞军把作战飞机隐藏在贝尔格莱德民用机场的客机阴影下。”北约发表这张照片的目的是为他们轰炸贝尔格莱德机场制造舆论。照片发布后的次日（20日）凌晨他们就轰炸了贝尔格莱德机场。报纸发表这幅图片，客观上为北约提供了宣传，对我们没有用，对北约却有用。而一些舆论导向错误的新闻则更是有百害而无一用。《工人日报》1996年开辟了一个“民谣背后的社会问题”专栏，引用了社会上大量关于吃喝的民谣。比如，“枪杆子里面出政权，吃喝里面出金钱”“酒场如战场，把胃献给党”“村干部一年喝头大水牛，乡干部一年喝台大铁牛，县干部一年喝掉一座小洋楼”，这些民谣带有消极、负面的社会情绪，片面、偏激，刊登在报纸上，容易引发不当社会舆论。1995年6月中国质量检测协会向社会公布了对八种“脑黄金”产品的质量抽检结果，随即，被排在后面的六家企业在《中国青年报》《中国消费者》报上发表《严正声明》，指责这次抽检不公正、不科学，并存在向被检单位索要赞助费等问题。中国质检协会立即给各新闻单位发函告知，这六家企业的所有指责全部成立，但已经于事无补。《光明日报》《北京青年报》《工人日报》《中华工商时报》《中国商报》《经济参考报》、北京电视台等多家新闻媒介相继介入，发表了倾向不一的报道，形成一大报道热点。随后，“评检风波”又引发出“学术风波”，一些专家对“脑黄金”的健脑功能以及对人体的作用发表了截然不同的观点。最后，人们才发现这场舆论大战的背后，实际上是有些企业在利用新闻媒体打击竞争对手，为自己做不花钱的广告。报道最终对国内脑黄金产品市场造成了冲击和破坏。

因此，事实是否成为新闻，还要在真实、新鲜、实用之外再加上一个条件，那就是“正义”。按照罗尔斯的观点，公平即正义，从新闻报道来说，这种作为公平的正义包括两层意思，一是对媒介的受众产生正面的影响。如前述关于拉美斑潜蝇的事实，如果进行报道，影响显然是负面的为主，亦即这种报道由于可能引起的市场恐慌而对菜农、菜市场经营者、蔬菜生产的监管部门、防疫部门，甚至城管、公安等带去不公平。“脑白金风波”也是这样，它本身就破坏了市场竞争的公平原则；同时，还涉嫌违背程序正义，那就是媒体对质检部门的检测过程没有进行深入的了解，没有获知事实的真

相。而舆论导向的错误就更是不正义的，因为这种错误就等于新闻没有维护秩序和谐之美、社会制度之德，而“正义是社会制度的首要价值，正像真理是思想体系的首要价值一样。”[63]新闻正义，或者说公平的第二层意思是，新闻报道对媒介的非受众产生了正外部性。“外部性的一般定义是，不参与交易的某些人，因为交易所涉及的某些品项之生产和使用，对于这些第三者产生了价值”，[64]如果对第三者产生的价值是正面的，就是“正外部性”，反之就是负外部性。进一步的，外部性的意思就是，“即便第三者自己并不消费传媒内容，但是传媒‘建构’了受众所接触的‘现实’，受众也会顺此产生相应行为，这些都是影响，使得第三者可能为此而欢喜坐享其成，或蒙受池鱼之殃。”[65]“有些人尽管没有消费该传媒的内容，他却还是会受到传媒的影响，因为那些消费传媒的人的‘观点’影响了他们。”[66]这就是新闻正义的第二层意思。此二者就是新闻报道的正义性原则。

5. 几种特征之间的关系

媒体新闻报道就是对具有上述四个共同特征的事实的报道，这是所有媒体新闻报道的共性。显然，真实、新鲜、实用、正义这四个方面，真实和新鲜是新闻的绝对性特征，而实用和正义则是新闻的相对性特征，或者说真实和新鲜对新闻而言是公理性的，而实用和正义对新闻而言则是定理性的。因为离开了真实和新鲜这两个特征的事实一定不是新闻，所以这二者是新闻的必要条件，适用于所有新闻。而实用与正义都是相对的，有用的新闻并不意味着对所有人都有用；正义也一样，修昔底德认为：“正义问题只是存在于有同等的权力坚持它的地方。”[67]因此实用和正义是新闻的相对性特征，是事实成为新闻的充分条件。事实的绝对性特征和相对性特征一起构成了一个事实成为新闻的充要条件。用数学语言来表述，当且仅当一个事实符合真实、新鲜、实用、正义这四个标准时，这个事实才能成为新闻。

当然，除了这四个条件之外，对于不同的媒体来说，由于其定位不一样，对新闻事实会有不同的要求，这主要体现在实用性方面，比如党报要求新闻的政治性，大众化媒体要求新闻的市场性，等等。这类差异也是评价具体某一媒体质量的必要参数，只是由于本课题的重点是建立具有普适价值的报纸质量评价体系，因此相关的特殊性都略存不论。当把普适评价系统与特殊评价对象相结合时，再讨论这些差异性的评价问题。

4.2 报纸新闻报道的特殊性

新闻报道的共性是所有新闻媒体都必须具备的，但回顾麦克卢汉的思想，不同的媒体，由于自身的特性不一样，其新闻报道的结构方式也不一样。那么，报纸新闻报道的结构方式是怎样的呢？这就是报纸新闻报道的个性，报纸质量的特殊性就具体体现在这里。

广播是以声音为媒介，将新闻诉诸听觉，通过口头语言来呈现信息，信息是在时间过程中流动的。电视是以声音和图像为媒介，互联网除了声音和图像以外，还有文字、图片、视频等，电视和互联网都通过屏幕空间来呈现信息，其中电视传播的信息是在时间过程中流动的，互联网传播的信息则既可以是在时间过程中流动的，又可以是在屏幕空间中静态呈现的。而报纸则主要是以印刷文字和图片为媒介，通过新闻纸的平面空间来静态地呈现信息，因此，报纸的新闻报道就具有了自身的个性和特殊的结构方式。

4.2.1 利用印刷符号来报道新闻

有人认为，报纸的特点是以印刷文字作为媒介进行新闻报道，[68]这太简单、也不准确，因为报纸除了文字以外，还有图片、图表、图式、图例等各种视觉传播手段，还有线条、色彩、花边、网纹、铺底、围栏、套红等各种视觉表达方式。它们一起构成报纸新闻报道的符号系统。因此，我们说报纸是利用印刷符号来报道新闻的媒介。

19世纪末期以来，报纸都在追求自身作为一种大众传播工具的特殊性。在表达方式、报纸版式、内容结构等各个方面凸显报纸独特的新闻结构方式。从表达方式来看，近代中国，王韬、梁启超等人推出并亲自实践的“报章体”，就是在语言形式上适应报纸传播需要的一种创新。民主革命时期，新华社推出和实践的“新华体”，也首先是为了适应报纸需要而发展起来

的，并且成为影响中国新闻报道的重要体式，迄今依然是新华社报道中的一种重要风格。改革开放以后，随着新型晚报、都市报的崛起，一种新的报纸新闻体式“市民体”应运而生[69]，这些都是报纸为了凸显自身特殊的新闻结构方式而进行的探索。

又如，版面语言，16世纪诞生的威尼斯小报，版式与书的版式无异。到19世纪上半叶，才在英国出现与书版相异的垂直式报纸版式。但在这差不多近四百年的时间里，报纸的新闻都是随意编排，没有重点，甚至没有标题。19世纪下半叶，美国报纸采取了水平版式，并采用了破栏、跨栏、图片、色彩、标题等编排手段，字体字符的大小变化、标题的“倒金字塔式”“阶梯式”等编排形式也相继出现。版面语言作为报纸对新闻事实进行价值评价的一种发言手段，开始发挥独特作用。到了20世纪60年代，现代报纸的主流版面——模块式版面诞生，版面语言进入成熟阶段，并成为报纸新闻报道特殊结构方式的核心要素。

但是，仅仅这样说还不准确，因为上述符号系统除了报纸采用以外，新闻期刊也同样采用。所以，报纸新闻报道还有比印刷符号这种媒介更特殊之处，那就是其独特的版面语言。

4.2.2 通过版面语言来报道新闻

报纸的版面语言是报纸评价新闻事实的一种视觉语言，是报纸新闻报道最重要的结构方式，也是报纸与其他媒介（特别是新闻期刊）的分野。

版面语言这个概念是中国人民大学郑兴东教授于1980年提出来的[70]，对于认识报纸媒介的独特性有着很重要的意义。但是，这个概念在学界并没有得到足够的重视，相关的报纸编辑学、新闻编辑学、版面设计理论等除了王咏赋的《报纸版面学》、杨明森的《报纸的美学魅力》等极少的著作以外，几乎都不提这个概念。

什么是版面语言呢？赵希龙先生的定义很有价值：“版面语言是版面形式根据一定的编排原则，通过编排手段和版面空间的不同组合布局，运用相对强势和弱势、优势和劣势，对版面上的各种新闻进行总评价的一种发言形式。”[71]从意识形态的角度说，新闻含蓄地表达了社会占主导地位的思想和观点，而在报纸版面上，这种占主导地位的思想和观点是通过对各种新闻不同的版面组织方式来反映的，放在重要版位、运用多层标题、采用黑体大字号、围以粗线条的新闻显然是重要新闻，这种新闻所包含的意识形态就是报纸极力维护的意识形态，也是报纸极力推销的意识形态。因此，版面语言是报纸就各类新闻事件进行发言的方式，也是报纸特有的新闻结构方式。尽管新闻期刊也要运用版面语言的基本词汇，或者说新闻期刊也要运用印刷符号系统来传播新闻，但此印刷符号系统非彼印刷符号系统，报纸版面语言所使用的词汇、语法和修辞方式，是新闻期刊所无法使用的；最重要的是，报纸的版面空间远远大于新闻期刊，这种版面空间与新闻期刊的版面空间不仅仅只是空间大小这种量的差异，而是两者在版面语言的表达方式方面质的差异（详见第六章）。因此，新闻期刊的编排原则、版面强势规律、区间规律、编排手段、版面空间等与报纸有着本质的不同。可以说，报纸运用版面语言报道新闻是决定报纸媒介的特殊性和报纸质量特性的根本性符号系统。

马克思恩格斯曾经指出，“语言是思想的直接现实”“无论思想或者语言都不能独自组成特殊的王国，它们只是现实生活的表现。”[72]报纸亦复如是，它通过版面语言系统，直接表达自己对于新闻事实的立场、态度、倾向和评价。1949年元月26日《人民日报》头版头条“关于南京伪行政院重新决定派代表向中央进行谈判问题（肩题）中共发言人发表谈话（主）”，而另一条紧接着则是“乘胜南进抵南京外围（肩题）我军解放滁县含山（主）来安、张八岭、沙河集同告收复（副题）”，两条消息同为大初黑体。两条消息并列，读者自然会通过联想见出两条新闻之间的关系：南京伪政府之所以要谈判，是因为解放军大军压境，伪国民政府眼见大势已去，还心存谈判幻想。[73]1967年10月24日《人民日报》头版有两条重要消息：毛泽东接见毛里塔尼亚总统达达赫和毛泽东接见日本左派齿轮座剧团。两条都得采用通栏题，都要在头版头条。但头条空间只能容纳一条稿，那用哪一条呢？周恩来总理指示：达达赫的消息放在一版左半区，竖题通栏；齿轮座剧团放右半区，竖题通栏；两边的字体字号一样大小。总理还说，我国报纸把左半区当头条，而日本报纸把右半区当头条，日本朋友看了也高兴。[74]1964年5月29日，《光明日报》发表了由艾恒武、林青山撰写的《“一分为二”与“合二为一”》这篇学术文章，康生为了打倒当时的中央党校校长、著名哲学家杨献珍，指示《光明日报》对该文进行批判，但要求《光明日报》要以讨论的形式出现，在版面安排上，让人看不出什么是“正面”观点，什么是“反面”文章，以便引诱杨献珍参与讨论。虽然杨献珍识破了康生的诡计，没有上当，被康生以其他方式搞垮，但凡是赞成“合二而一”的同志，都无一幸免。[75]类似这样的版面语言不要说广播电视无法做到，即使期刊这样的纸媒，由于版面的空间局限，做到的难度也很大。何况从更广的范围来说，期刊使用其他符号（线条、色彩等）的方式也与报纸全然不同，比如报纸的线条使用、模块组合就比期刊丰富得多。因此，版面语言是报纸新闻的特殊结构方式和表现手段，是报纸成为报纸这种独特媒介的关键。报纸强调什么、提倡什么，贬抑什么、反对什么，都是通过版面语言来实现的。它“运用像层级组织、排序、图式结构及其相应的布局安排（标题、导语、篇幅、频率等）等各种不同的新闻相关结构可以获得和修辞上的感叹和夸张等类似的声音效果。换句话说，新闻修辞的形式不仅仅是建立在语法层次的音韵学、形态学或句法的基础上，这一点和纯美学的话语不同。它完全是通过运用提升新闻特征的各种相关性或显著性的方式来实现强调具体内容的目的。”[76]

4.2.3 通过发行服务来报道新闻

不仅版面语言是报纸新闻报道特有的结构方式和属性，报纸发行也是报纸新闻报道必不可少的环节。

电子媒介也有自身的新闻结构方式，譬如从电视和广播来说，它们也有自己的编排原则和编排手段，如频道、头条、版块、画面、音乐、声音、播报环境、播报风格、着装等，但这显然与印刷媒体是迥然有别的。从新闻的选择性来说，同样的频道，受众对电视和广播的新闻传播没有任何选择性可言，而报纸读者则可以选择性注意、选择性阅读、选择性接受。从接受方式来说，报纸的阅读过程与电子媒介新闻的收听过程都是一个时间过程，但从新闻呈现方式来说，电视和广播都是动态的呈现，是在时间过程中传播新闻，而报纸则是静态的呈现，是在版面空间中展示新闻。其次，从到达方式或者说传播渠道来说，电视和广播新闻的报道是通过物理电波来实现的，新闻的报道与新闻的接受几乎是同时的，而报纸新闻报道则是通过报纸印刷以及人工销售系统送达读者手中、再通过读者的阅读来完成的，是延时的。因此，除了新闻本身以外，电视和广播的新闻质量主要取决于物理传送系统的质量，而报纸的新闻质量除了新闻文本和版面语言以外，则主要取决于印刷质量以及人工销售系统的服务质量，或者统一叫做“报纸发行服务的质量”。如果报纸出版以后，没有人购买，报纸就等同于一张废纸，无法实现报道新闻的目的；如果有人购买，但购买不方便，最终没有购买，同样达不到新闻传播的目的。因此，与电子媒介相比，报纸质量除了版面语言的质量以外，还应该加上报纸发行服务的质量。如果没有一个科学合理的、健全的发行系统，报纸无法到达读者手中，那么报纸就实现不了报道新闻的目的，所以，报纸发行服务也是报纸新闻报道、或者说报纸质量的题中应有之义。

4.2.4 报纸新闻报道是一种服务

在经济学和营销学的论述中，服务和产品是作为两种并列的商品而出现的。服务是什么呢？它是一方向另一方提供的任何一项活动或利益，其本质上是无形的；并且不产生对任何东西的所有权问题，它的生产可能与有形产品有关，也可能无关。[77]通过上面的讨论，我们显然可以看到，报纸新闻报道本质上就是一种以提供新闻为核心产品的服务，这种服务由新闻文本、版面语言表现和发行服务等三个方面和相应的环节构成、并附带了新闻纸这种有形物。[78]因此，从根本上说，报纸质量就是报纸作为一种服务的质量，这种服务的质量又分别由新闻文本、版面语言、发行服务的质量所决定。这就是报纸质量的特殊性。

4.3 报纸质量及质量评估再定义

前面3.2.2. 3.3. 3.4讨论了报纸质量和报纸质量评估的内涵，认为报纸质量就是报纸新闻报道满足各相关方（核心是读者）要求的程度。报纸质量评估就是对这种满足程度的评估。

从这一章所进行的讨论可以看出，这种结论是不全面的。根据报纸质量的特殊性，报纸质量显然是报纸新闻服务的质量，是新闻服务满足各相关方（核心是读者）要求的程度，不仅只有新闻文本（包括版面语言）、还有发行服务。而报纸质量评估也不仅仅只是对新闻报道质量的评估，而是对包括发行在内的新闻服务的评估。因此，需要对报纸质量和报纸质量评估进行再定义。即：

报纸质量是报纸所提供的新闻服务满足报纸各相关方要求的程度。

报纸质量评估是对报纸新闻服务满足报纸各相关方要求程度的评价。

4.4 本章小结

质量就是一组固有特性满足要求的程度。从媒介理论的角度说，报纸的固有特性就是新闻报道；报纸新闻报道与其他媒介的新闻报道既有共性、也有个性。符合真实、新鲜、实用、正义的原则是所有媒介新闻报道的共性；报纸利用版面语言来组织新闻、并通过发行服务来实现新闻报道，是报纸新闻报道特有的结构方式和个性。从经济学的角度说，报纸是一种以提供新闻为核心产品的服务。这种服务是由新闻文本、版面语言和发行服务三个方面和相应的环节组成的；离开了任何一个方面和环节、或者任何一个方面和环节有缺陷，都是质量不高的物品或商品。因此，对报纸质量的评价就是对由新闻文本、版面语言和发行服务三个方面构成的整个服务过程及其结果的评价，不仅仅只是报纸新闻文本的质量，也不仅仅只是报纸版面语言的质量，还包括报纸发行服务的质量。

第五章

报纸新闻文本质量评价指标体系

明确了报纸质量的特殊性，接下来我们就顺次探讨决定报纸质量的各个方面如何进行评估的问题。首先要讨论的就是报纸新闻文本的质量评价，新闻文本是指刊登在报纸上的新闻事实（包括各种体裁的新闻和新闻图片），当然版面语言是报纸最大的新闻文本。不过关于版面语言的评价问题我们将单独讨论。这里主要讨论除版面语言以外，报纸其他新闻文本的评价问题。

前面已经讨论过新闻事实的特性，那就是真实、新鲜、实用和正义。新闻文本的质量也是由这几个方面构成的。那么，新闻文本质量的评价指标体系应该是怎样的呢？

5.1 真实性评价指标

真实性问题是新闻报道最核心的问题，比尔·科瓦齐把真实当做新闻“首要且最令人困惑的原则”。[79]什么是真实、怎样才算真实、怎样才能真实……这些问题许多人都进行过研究，但是，能够被大家所普遍接受的结论至今也没有。我们已经讨论过新闻的真实性问题，认为新闻的真实就是关系的真实，或者说联系的真实，这里，我们直接依据这一认识、并结合相关研究成果来探讨新闻真实性的评估指标。

新闻真实性评价主要包括以下几个方面：

要素真实；

联系真实；

组合真实。

5.1.1 要素真实

新闻要素包括“五个W”，即何时、何地、何人、何事、怎么样（为什么）。[80]一个新闻文本，这些要素的真实是最基本的，但要完全做到却并非易事，特别是“怎么样”。因为“怎么样”要求新闻事项的真实，新闻事项“实质上是指相对比较完整的不同事实部分或片段，这些部分或片段有机联系，共同构成一件完整的新闻事实。”[81]简单地说，事项真实就是新闻事实本身的真实，包括细节的真实、过程的真实、结果的真实等。有人运用叙事学的理论把事项分为四类：主要事项、次要事项、边缘事项和背景事项。实际上，文学作品的情节也许可以这样来划分，但很多新闻事实都难以做出这种区分。小偷入室偷盗，开锁、撬保险柜、拿钱、逃走，哪个事实是主要的、哪个又是次要的或者边缘的呢？[82]我们只能讨论小偷是开锁进去的还是翻窗子进去的，是撬保险柜偷的还是在钱包里偷的，偷的是10元还是11元，在什么地方、什么人把他抓住的，等等，如果这些细节、过程和结果都是真实的，那么新闻就是真实的。

要素的真实包括两个方面，一是每一个要素都是可以确认的；二是所有的要素都是完备的。比如新闻中的“何人”，必须是姓名、性别、年龄特征等都很明确的人，而不是“路人甲”；“何地”也必须是在特定、真实的空间里，而不是“某地”；“何时”可以模糊一点，如“近日”“前不久”等，因为新闻发表除了时效性以外，还有一个适宜性的问题，有些新闻要过一段时间才能发表。“何事”是新闻事件的主体，如果“何事”不真实，就是“假新闻”。所谓要素完备，就是指所有的要素都必须具备，不可或缺。上个世纪80年代有一篇获奖新闻《钱包被风刮走以后》，到了90年代有人质疑，这是一篇假新闻，因为新闻没有交代故事发生的地点。1993年7月30日，《南方周末》刊登的《袭警案》假新闻，也没有具体地点。这就是因为要素不完备。

5·12汶川大地震被广泛传播的一条“母爱短信”新闻，不要说没有具体地点，新闻的五个要素全无，连新闻主角的名字、稿件作者、新闻源都没有，后来有人考证，才发现是百度贴吧有人的想象之作。显然，新闻要素的真实与新闻本身的真实是密切相关的，要素不真实可能导致整个新闻的不真实。

从评估的角度来说，要素真实的度量子项主要是“时间”“地点”“人物”，因为“何事”的真实性是通过“怎么样”来体现的，在没有弄清楚“怎么样”是否真实以前，“何事”的真实性就得不到肯定。

5.1.2 联系真实

所谓联系真实就是考察新闻事实内部各个事项之间、新闻事实与其他事实（包括未来可能的事实）之间的联系是否真实。马克思主义辩证法要求我们要用全面的、联系的、发展的观点来看问题，这就是联系的真实评价的哲学基础。海德格尔也说过，“事物只有放在它所隐蔽于其中的背后根源和背景里，才能显示其真实性。”[83]这就涉及要素真实中的“怎么样”和“为什么”。前面在讨论报纸质量的特殊性时已经指出，真实是从事物之间相互作用的真假出发的，新闻反映了事物之间相互作用的真实关系就是真实的。这种联系的真实主要体现在三个方面：

新闻事实内部要素之间的联系；

新闻事实与其他事实（包括事实本身未来可能的运动状态）之间的联系；

新闻事实与记者之间的联系。

1. 内部要素的联系

内部要素的联系首先是时间地点人物事件等的真实联系，西边发生的事情不能跑到东边去了，早晨发生的事情不能说成是晚上，发生在甲身上的事情不能附会到乙身上，这就是时空联系。此外，新闻事实内部主体与主体、主体与事实、事实与事实之间的联系等也必须是真实的，简而言之就是新闻事件的细节、过程和结果必须是真实的。2006年南京发生了著名的“彭宇案”，新闻记者在没有弄清楚彭宇到底是撞了人、还是没有撞人这一真相的前提下，认定彭宇没有撞人、彭宇是做好事反而被讹，及至彭宇后来承认

自己的确撞了人以后，失实的新闻报道所产生的恶劣影响已经无法挽回。这就是内部事项之间的联系不真实、细节和过程不真实，导致了新闻结果的不真实。

2. 新闻事实与其他事实的联系

其他事实是指外在于新闻事实主体的事实，这些事实可能是新闻事实，也可能是非新闻事实（新闻背景往往就是非新闻事实）；可能是过去事实或现在事实、也可能是未来事实；可能是局部事实，也可能是全局事实。新闻文本在形成过程中要把主体事实与这些非主体事实联系起来，以便读者全面准确地理解新闻。上个世纪80年代，一些报纸在报道气功师讲气功时，一味地突出气功的灵验，参加气功培训的听众在现场都会随着气功师的手势，或前仰、或后合，简直不可思议。但西方记者的报道却不是这样，除了写现场的神奇效果以外，还报道了现场有的人毫无反应，而有所反应的听众中有的则怀疑这是否是由于自己的心理原因造成的。气功是否如现场所见，记者没有发现可以否定的事实，但个别观众的反应，记者显然也不能进行肯定。也许随着气功运用的越来越多，人们会在将来的某一天发现气功的瑕疵，从而更科学地看待气功、认识气功，合理地利用气功。这就把事物的当前状态和未来的种种可能联系了起来，保留了日后重新认识和报道气功的权利，同时也能够让读者更客观地看待这些新闻报道的意义、客观地对待气功。[84] 1991年元月，《中华工商时报》在头版头条报道了《六商场逐鹿郑州》，介绍郑州六大商场经营斗法，开展价格竞争的事实。这是当时商业改革中的新生事物，新闻除了用大量篇幅讲述竞争的好处以外，最后指出，在竞争中，有的商场采取了“不地道”的手段，使得这场商战带了点“原始”的味道：“在鼓励和支持市场竞争的同时，如何规范竞争行为和制定相应的‘游戏规则’，已经成为当地政府首脑、经济专家和企业家们思考的问题。”[85]这同样是把新闻事实与新闻事件未来的发展联系了起来，把竞争和竞争所需要的环境条件等更广泛的事实联系起来，使报道显得真实有用。以上是通过时间联系来展示新闻的真实性，新闻事实的空间联系也是体现新闻真实的重要手段。上个世纪80年代，报纸大量地报道农村万元户、电视村，渲染农村变富了。而城市居民以为农民都富起来了，于是面对物价上涨、工资收入变化不大等情况开始抱怨；而生活状况改变很小的、老少边穷地区的农民，也埋怨国家不记得他们了。实际上，那个时候农村的万元户是极少的，电视村更是凤毛麟角。假设报道的时候，能够写上这样的话：“陪同采访的县长告诉记者，像这样的电视村在全县只有两三个，即使在这个村里也还有三五家人是借钱买的电视机。”[86]在这种更为广阔的空间联系中，把局部事实和全局事实联系起来，新闻才能向决策层和社会送去全面、准确的信息，才能让读者看到真实的农村。1988年3月，甘肃省《武威报》在武威市人民代表大会期间，发表了参会代表批评武威地委的一些意见。地委下令收回报纸，并要求自行销毁。这在社会上引起了强烈反响，报社编采人员向相关单位和媒体写信，要求派记者前往调查，阻止武威地委压制媒介批评的错误行为。4月1日《中国青年报》以“武威地委压制报纸批评大要武威”为题，头版发表了这一新闻，全国震惊。收报事件的主角——武威地委书记杨作林十分被动、难堪，压力很大。但在后续报道中，报道借用武威两位干部的话说：“杨作林同志平时民主作风还比较好，也善于团结人，工作也扎实，总的来说是个好同志。但这次收报事件不管他主观上怎么想，事实上压制了不同意见。”这就把杨作林的行为与更多的过去事实联系起来，让人们能够看到一个真实的地委书记，不至于因此事而全面否定杨作林。[87]

3. 新闻事实与记者专业水平之间的联系

很多新闻并不是被动地等待读者去报道，公众、组织、企业和政治人物等都会使用媒体来达到自己的目的，因此，很多新闻就成为了“宣传性现象”，这种宣传性现象可能真实反映了宣传者的实际情况、也可能完全是歪曲的反映。因此，面对事实，把现在事实和过去事实或未来事实联系起来、把局部事实与全局事实联系起来（当然无德记者收了红包，明知故犯是另外一回事），而不仅仅只是与自己当下的观察和了解相联系，就成为记者最基本的专业技能。一位通讯员在报纸上发表了《xx干部三拒礼》的人物通讯，当地读者很快就指责这篇报道不真实。这位通讯员却说，通讯中一共三个事例，有一个是他亲眼目睹的，另两个也是听人说了以后跟当事人核实了的。

但5个月以后，这位干部就因贪污受贿受到了查处。事后通讯员了解到：他亲眼看到的“拒礼”，是因为这位干部知道他是个报纸通讯员，故意做给他看的；另两个事例则是这位干部嫌礼轻而拒绝、并安排家人故意宣扬的。[88]通讯的时间、地点、人物、过程都准确无误，但它属于宣传性现象。“我们可以把各种现象分成两大类：事物特有现象，宣传性现象。所谓事物特有现象，就是事物按其本身内在规律而自然产生的现象。所谓宣传性现象，已如上述是为宣传目的人为制造的。”[89]记者只是把事实与自己进行联系，没有区别新闻是自然发生的、还是宣传性现象，以及这种宣传性现象是否合理。“事物是随着时间发展的，记者不能只孤立地看一个片断，更要防止只看到采访对象为你设计好的那个片断。要按照时间的坐标去追踪事实，即追踪它的过去，又追踪它的现在和将来。”[90]

5.1.3 组合真实

新闻真实就是联系的真实，这种联系的真实不仅仅是指新闻内部各个事项之间的联系，还包括新闻真实与现实真实的联系。如果把一条貌似真实的新闻联系到现实，结果现实反而不真实了（如前举万元户的例子），就可以说新闻报道本身也是不真实的。而所谓组合的真实则是指新闻报道本身是真实的，但由于在版面上与其他新闻组合在一起，可能就变得不真实，或者使相关的现实不真实了。从文本的角度来说，单篇的新闻是一个文本，而单篇新闻之间的组合则构成了新的、更大的文本，一份报纸每天各个版面组合起来，就是报纸所描绘的一幅世界文本，报纸每天制造这样一个文本，由于它是连续出版物，这些前后相连的文本又构成了报纸描绘的动态的世界文本。报纸文本是对外部世界本文的反映，文本能否反映本文，既关系到单篇新闻，也关系到所有新闻的空间组合以及所有新闻连续的时间组合。因此报纸的文本组合就包括：

同版内容组合；

异版内容组合；

异日内容组合。

1. 同版内容组合

1996年10月28日，《法制日报》在一版左下角用两栏刊登了一幅漫画：一位衣衫褴褛的人，光着的右脚立在地上，而左脚则穿着大皮鞋，高高抬起，闪闪发光；旁边配了一句话点明漫画的主题：“左脚的建设已经一步到位了！”。紧接漫画的右边，则发表的是新华社的一则通稿《社会主义精神文明建设文献选编出版发行》，也是两栏，但行数略相当于漫画的三分之二。这就通过文本组合，间接否定了社会主义精神文明建设取得了重大成就这一现实的真实（如图5-1）。

律知识。同时，学校还通过讲座、板报、学习园地等形式强化学生的法制意识。各班级还

技工学校教学质量优秀位”。

（邱友金）

《社会主义精神文明建设文献选编》出版发行

据新华社北京10月27日电 中共中央文献研究室编辑的《社会主义精神文明建设文献选编》，由中央文献出版社出版，近日在全国各地发行。

这本书收入了自1978年4月至1996年10月中共十四届六中全会召开这个时期内，有关社会主义精神文明建设的重要文献120篇，其中包括中共中央、全国人大、国务院、中央军委印发的文件40篇，邓小平等老一代无产阶级革命家、江泽民等党和国家领导人的文章、报告、讲话、批示80篇，共39万字。

左脚的建设已一步到位了！

（漫画） 尚建国 作

图5-1 1996年10月28日《法制日报》头版

2001年11月15日、16日，《天津青年报》在一般显著位置同时发表了《重庆医院发生爆炸》《天津长客失火烧死12人》的新闻和照片，并进行大肆渲染和炒作。这无疑是在给读者拼凑一副社会很不安宁的画面，违背社会现实本身的真实性。“由于大多数新闻是严肃的、负面的、冗长的，它们必须被明亮的、正面的、简短的新闻故事所平衡、所点缀，以避免令受众和新闻从业者感到沮丧或厌烦。”“电视制片人不会在同一辑节目中播出两则有关庭审的新闻，除非它们都‘非常重要’。虽然编辑会将类似的选题或事件整合到一则故事之中，阅读版的编辑却不会在同一周评论两本人物传记，而科

学版的编辑也不会同时选择两则生物学的故事。一位撰稿人不得不将一篇谈及美国种族问题的文章搁置起来，因为他所在的杂志刚刚刊载了一则有关大屠杀——首席编辑将之视为种族问题——的新闻故事。”[91]这些都是从组合真实的要求出发而采取的必要的编辑手段。

1998年6月5日，英国独立报的头版头条刊登了一辆德国火车脱轨的新闻《灾难源于125英里/小时：80人丧生》，而头版下半版则是一则银行的广告《更多人倾向银行取款机》，而且银行的广告还使用了红色字体。毋庸置疑，那些悲伤的读者无法快乐地接受广告信息，这样的组合违背了现实真实。

独立报随后在第二天的头版向读者致歉：

致歉：鉴于昨天头版头条新闻的性质，我们在首页刊出的（银行的名字）广告本该取消，给读者带来的不必要的悲痛，我们在此深表歉意。[92]

这是一个对读者负责任的报纸所必须采取的行动。

2. 异版内容组合

不仅同版之间的组合需要注意事实之间的关系，异版之间的组合也存在这个问题。一代伟人邓小平去世，普天同悲，有的报纸却在一版刊发了相关新闻以后，在第四版刊登套红广告，把志哀的新闻与喜庆的版面登在同一天的报纸上，这就是异版组合的失当。[93]

3. 异日内容组合

由于报纸是连续出版物，特别是日报每天都要出版，因此，新闻文本的版面联系就不仅限于每一个版面的各个稿件之间、同一天的各个版面之间的组合，还体现在昨天的新闻跟今天的新闻之间的联系。一是昨天报道的新闻可能并没有结束、真相也不够明确，甚至昨天的报道还有不真实的成分，那么今天的报道就应该比昨天更清晰。二是昨天的新闻跟今天的新闻在内容上是否有所平衡，否则同样可能造成不真实的现实。1998年《华西都市报》曾一度推出对四川医疗行业负面新闻的追踪报道，一个负面新闻报道刚刚结束、另一个又出现了，本来是碰巧，报社并没有刻意专门去搜集医疗行业的新闻，但却让相关医疗行政管理部门很不安，大有“山雨欲来风满楼”的感觉。原因是报纸内容的这种前后联系，给人以四川医疗行业一遍黑暗的感觉，这样就不真实了。

5.1.4 真实性的评价方法

真实性评价就包括要素的真实、联系的真实和组合的真实三个方面，这三个方面又可以分别用三个指标来度量。要素真实的度量指标是：时间、地点、人物；联系真实的度量指标是：事实内部之间的联系、事实与事实之间的联系、事实与记者之间的联系；组合真实的度量指标是：同版内容的组合、异版内容的组合、异日内容的组合。当然，组合真实也属于联系的真实，只是这种真实是报纸版面语言所凸显出来的报纸新闻真实所特有的个性特征，所以我们把它进行独立的处理，以让人们更深刻地认识报纸新闻报道和报纸质量的特殊性。

对真实性的这几个方面进行评价，需要评价主体对评价客体（具体的某个报纸）进行样本抽取，然后通过对样本的审读，按等级规范（详后5.5. 5.6及第八章），给出具体的分值；再把这个分值，输入后面的数学模型（详5.5. 5.6及第八章）进行计算，得出的结果就是对报纸新闻真实性的质量评价。

5.2 新鲜性评价指标

新鲜性是决定新闻有无报道价值的最重要的特征，有新鲜性的事实才具有新闻性，新鲜性越强、新闻性就越强，反之，没有新鲜性就没有新闻性，就不值得报道。“新鲜的本质在于差异性，差异性不仅体现在信息内容的新异性上，也体现在信息传播速度的及时性上。”[94]

内容的新异性包括三个方面：

对已经发生了的事实的新知和新解；

对已经发生（或当下发生）了的事实的新见；

对正在发生的事实的报道；

对将要发生的事实的报道。

及时性也包括三个方面：

对已经发生（或当下发生）事实报道的时间差；

对正在发生事实报道的时间差；

对将要发生的事实（或未来事实）报道的时间差。

5.2.1 内容的新异性

1. 对已经发生了的事实的新知和新解

已经发生了的事实就是事实已经存在那里，不是刚刚发生、也不是正在发生的事实，而是作为一种结果，它们已经存在了，而且这种结果还会继续存在和发展下去，只是这种已经存在的事实过去并没有被人们了解和认知。比如说，可可西里就在那里，但过去都认为它是一个荒凉死寂的无人区，1987年中国科考队进去才发现，这里是我国最大的一个野生动植物带。泸沽湖居住着我国唯一保持着母系社会风俗的民族—摩梭族，是人类远古家庭婚姻的“活化石”，但过去也鲜为人知。像这类已经发生了、但过去却不被人们所了解、所认知的事实报道出来以后，带给人们以新知，就是具有新异性的新闻。1916年爱因斯坦曾经基于广义相对论的原理推断存在引力波，但直到100年后的2016年2月11日，LIGO科学合作组织和Virgo合作团队才探测到来自于双黑洞合并的引力波信号。这同样是对已有事实的新知。中国古代河图洛书的起源原来都是以神话的方式而存在的，中国社会科学院冯时先生通过天文考古学，发现它们实质上是起源于华夏祖先的天文观察，比如东方苍龙七宿就是七颗星星从银河跃出的形象，所谓“河出图”就是古人根据银河系与东方苍龙七宿的关系而形成的一幅图像。这样的新解也是属于对已经发生事实的报道，具有新异性。

2. 对已经发生（或当下发生）事实的新见

见，读“现”，就是新的发现。前面“对已经发生事实的新知和新解”中的“已经发生的事实”是事实的存在、对事实的新知新解与报道之间有一个很长的时间差，摩梭族、可可西里、河图洛书、引力波等，它们存在的时间都是上百年、上千年、上万年，甚至与宇宙的存在同时（引力波）。同时，这种新知和新解往往不是来自记者，而是来自给予“新知新解”的人，记者只是给予报道而已，比如，摩梭族的母系社会特征来自人类学家、可可西里的发现来自科考队、河图洛书的新解来自天文考古学家、引力波来自科学家，等等。而这里的“已经发生的事实”则是指刚刚发生、或者说近期发生的事实，事实与报道之间的时间差很短，所以我们又增加了“当下发生”这个短语来强调其时间特征；而且这种“新见”主要来自记者的观察和采访。但是对这种刚刚发生的事实，记者往往看不出它究竟与过去发生的相关或同类事实有什么区别，对事实的陈述毫无新意，这就没有了新闻价值。陈力丹先生曾经举例说：

早上，《北京晨报》说《市第十届党代会胜利闭幕》，到了晚上《北京晚报》又接着说《市第十届党代会胜利闭幕》；拿起广东省的报纸，标题与北京的一模一样《广东省第十届党代会胜利闭幕》，连会场的布置，官员位置都是一样的。除了地名、人名、时间换了，剩下的连用词都一样。其实各种活动即使存在较多的相同之处，只要认真观察和具有敏锐的新闻价值理念，仍然可以抓住有新闻价值的瞬间言论、场景，写出较好的新闻。[95]

只有新发现才具有新异性。像这类并没有什么新发现的报道，不具备新异性特征，没有新闻性，不值得刊登。

3. 对正在发生的事实的报道

“正在发生的事实”是指事实发生不久，还在过程之中，对这类事实的报道就是“对正在发生的事实的报道”。这类正在发生的事实，表现为一个比较长的过程，新闻必须跟随事物自身的运动，把其新异性的一面展示给读者。比如，神舟1号到神舟11号的发射和返回都是一个过程，这个过程中的情况都需要记者连续报道。由于神舟1号到神舟11号，它们的技术数据、飞行目的等都不一样，这就使每一次报道都具有不同于上一次的新异性。又比如，地球变暖，表现为全球气温升高、冰川融化、南北极冰山融解和漂移，这些变化虽然缓慢，也具有新异性特征，就值得报道。

4. 对将要发生事实的报道

对将要发生事实的报道也是新异性的重要方面。将要发生的事实包括预计要发生的事实和预测要发生的事实。预计将要发生的事实如天宫一号与神舟十号交会对接，什么时间、什么位置、什么价值等都要进行报道。预测将要发生的事实如英国脱欧，当时全世界很多机构和组织都在进行预测，结果都不准确，只有南非一家叫“品牌时代”的公司成功预测。而英国脱欧以后，会产生哪些影响，各种机构也纷纷预测，它们都有一定的报道价值。

5. 新异性评价的难点和复杂性

最难评价的是第二种情况，即对已经发生事实的新见。这种事实都是由记者亲自观察和采访得来的，由于报纸的读者对象不同、办报方针不同、记者的新闻敏感和新闻发现能力不同，新见都可能不同（在这种情况下，新鲜性不是绝对的、客观的，而是具有了媒介规定性）。我们看下下面这个例子，就可以知道评价的难度了。

1996年10月2日，中国少儿出版物成就展在北京举办，人民日报、中国青年报、北京青年报都同时进行了报道，三家报纸在新异性的选择能力和选择重点上都有不同程度的差异。

对开幕式的报道，《中国青年报》是这样写的：[96]

10月2日上午，伴着北京七色光少年鼓乐队的鼓号声，中国少儿出版物成就展在北京展览馆隆重揭幕。

霏霏细雨中，北京展览馆披红挂绿，数不尽的彩球和彩带簇拥着孩子们的笑脸，这里迎来的是广大少儿出版工作者和孩子们的又一个节日。

《北京青年报》则选择了更有特色的场面：

上午，在北展大门口聚集了大批的孩子和父母们，他们大多从报纸或其他新闻媒体上知道了这个展览的消息，家长们排着长队购票，而孩子们则格外受到照顾——免票。据售票师傅称，从11点到12点2元一张的门票即售出

600至700张票。

从选择新异性的能力来看，《北京青年报》显然更胜一筹。《中国青年报》的鼓乐队、彩球、笑脸都是所有展会司空见惯的元素，没有任何新异性。而《北京青年报》报道的孩子和父母大批聚集、家长排队购票、孩子们免票以及1个小时卖出去600至700张票等则是这次展会具有新异性的内容。其新闻性远远大于《中国青年报》。

而对这次展览的基本事实《人民日报》是这样报道的：

在4000平方米的展厅里，展出了包括少儿类图书、期刊、报纸、音像制品及电子出版物各品种的少儿出版物。展览共有四个特点：中国儿童动画出版工程首次亮相，取得初步成果的中国儿童动画读物将接受小读者的检验；特设精品馆，集中展出历年“五个一工程”获奖图书、国家图书奖获奖图书及有关精品少儿读物；26个省区的29个展团、百家出版社参加了这次展览，其中有29家少儿出版社、29家少儿报纸、70种期刊，是历年少儿读物展览中规模最大的一次；展览采取展销结合的方式，各展台随展随销，让小读者直接选择。

《北京青年报》相应的报道则是：

特别值得一提的是北京展区的布置。它的主体是具有变形金刚创意色彩的北海白塔，沿展位三面环绕的展板表现衬托白塔的蓝天、绿柳；另一造型是最具北京特色的风味小吃“冰糖葫芦”为原型，在展位四周、中央、立柱上进行装饰；销售区、卡通世界、童话天地的销售台、座椅等小展具设计成蘑菇、小靴子等；为方便小读者，整个展板、展台、展具设计尺寸均较低矮、活泼。

北京展团开张第一套书就是北京同心出版社的卡通漫画《十万个为什么》，而北京出版社新出的《世界少年文学精选》55本，则引起孩子和家长的普遍兴趣，这套书是专门定做的62克胶版纸（加黄），4号字，字体有棕、蓝、红、绿四色，插图为儿童漫画，读起来不但眼睛舒服而且颇具美感。

袁红菲小朋友和妈妈是特意来买书的，他们马上就选购了一套同心出版社的《巧学巧记》丛书。红菲小朋友的妈妈说，这次特意揣了五六百元来为孩子买书，她认为这里不但环境好，而且图书种类多，特别合适带孩子来。

这次成就展是以展为主的展销结合，除各展台随展随销之外，还将在东广场集中销售，售书得到孩子们的欢迎，大门里到处是拿着气球的孩子。售书处也挤满了热情的小读者和家长们。此外，中国木偶剧团的现场表演也为成就展添上了精彩的一笔。

两报由于定位不同而选择了具有不同新异性的内容。《人民日报》作为全国性的党报，面对全国读者，所以只选择了四个特点作为本次展会报道的新异性。而《北京青年报》作为主要服务于北京市民的报纸，所以特别详细地介绍了北京展团，从展区主体造型、装饰、内部功能分区等都叙述得比较仔细，着力突出北京展团的北京特色和特点。接着又介绍了两家北京市的出版社出版的有特色的图书，并选取了一对母女的购买情况进行报道，点面结合；同时本着服务北京市民的目的，指示市民展会将在东广场设立集中售书点。

显然，《北京青年报》由于地处北京，又是专门为市民服务的报纸，所以需要突出接近性和服务性，只要在北京具有普遍价值的新异性都可以进行选择，因此内容可以比《人民日报》更丰富，新异性的内容可以更多。而《人民日报》由于面向全国，如果有关的新异性不具有全国价值，就必须要剔除，比如，如果也介绍北京市的出版社或北京的展团，而不介绍参展的其他26个省区的出版社和展团，《人民日报》的全国性形象就会收到质疑。而集中到东广场售书也基本上只有北京市民可以直接享受到这种服务，《人民日报》也把这点作为新异性来报道就没有多大意义。

最后，对少儿出版市场“少儿出版物质量不断提高”这一具有新异性的事实的报道，《人民日报》是这样写的：

少儿图书出版在党中央的直接关怀下，题材广泛、形式多样、印刷装帧精美、出书质量不断提高，产生了良好的社会效益。据统计，全国优秀少儿图书奖、“五个一工程”一本好书奖、中国图书奖等奖项中，少儿图书共获奖447种。

《北京青年报》则是：

优秀少儿图书重版率也越来越高。1993年出版的少儿图书，重版书占46.5%，1994年重版书近50%，而1995年重版书已近60%。可以说少儿图书题材广泛，形式多样，出书质量不断提高。

可以看出，《人民日报》所使用的数据由于没有与其他数据联系起来，仅仅一个孤立的数据，自身的新异性不够，更无法说明“质量不断提高”这一新异性事实。而《北京青年报》采用重版率的数据则可以明显看出“不断提高”这一新异性。

因此，新异性首先取决于记者的新闻发现能力，如果没有新闻眼，就看不到事实的新异之处，写出来的文本就缺乏新闻性，没有什么新闻价值。其次，不同媒介具有不同的新异性要求，媒介定位不同、读者对象不同、服务特点不同，都会导致新闻文本的新异性差异。这就给我们对新异性的评价带来了复杂性。避开复杂性的办法就是剔除媒介的特殊性，只是做一般的新异性评价，亦即把普适性较大的媒介（比如《人民日报》）的新异性作为评价标准。然后，当需要对具有特殊性的报纸进行评价时，再从普适性标准出发，制定具有针对性的指标。

5.2.2 报道的及时性

报道的及时性评价相对而言更容易。与内容的新异性对应，报道的及时性也可以分为四种情况，即对已经发生的事实（当下事实）报道的时间差、对正在发生事实报道的时间差、对将来事实报道的时间差。当然，这里的时间差，跟前面在“对已经发生的事实的新知和新解”中所说的时间差略有不同，那就是前者存在一个新闻事实与“新知和新解”之间的时间差，而这里的时间差只是指新闻事实与报道之间的时间差。也可以说，这里的时间差等于前面当“新知和新解”出现以后与对“新知和新解”的报道之间的时间差。

1. 对已经发生（当下发生）的事实报道的时间差

已经发生或当下发生的事实要及时报道，否则就成了旧闻（当然有适宜性要求的新闻除外），很多新闻用“日前”“近日”“前不久”等来模糊时间概念，实质上这都属于时效性不强的新闻，“时间差”太大。当然，有些新闻尽管时效性不强，但也有新闻价值就应该报道，特别是一些服务类新闻，比如某某老中医非常擅长治疗儿科方面的疾病。不过，这样的事实如果有新闻由头就更具有报道价值，如老中医刚刚治好一例治疗难度极大的儿童疾病，或者老中医刚刚获得了一个儿童中医学方面的什么重大奖励，诸如此类。

2. 对正在发生事实报道的时间差

对正在发生的事实也有一个报道的时间差问题。经常发生抢新闻抢出假新闻的情况，就是对正在发生的事实没有把握好。有些人病危还在抢救过程中，常常被新闻宣布死亡，时间差为负数，结果就成了假新闻。当然，如果时间差太滞后于新闻事实的发展进程，有时也会变成旧闻。因此，对正在发生事实的报道也要检验时间差。

3. 对将来事实报道的时间差

将来事实大多是预计或者预测未来某个时间地点可能要发生的事实，预计或预测时间和报道时间之间同样存在时间差的问题。这个时间差也决定新闻报道的质量。预计要发生的事实是容易把握的，预测要发生的事实往往不好把握。神舟十号与天宫一号交会对接是预计要发生的事实，对这个事实要提前报道；真正对接以后还要再次报道。前者就有一个时间差。预测中国某年的GDP增长指数要及时报道，GDP增长的实际结果要报道。前者同样存在一个时间差。总之，对未来事实的报道也要把握好时间差，才能增强事实的新闻性。

5.2.3 新鲜性的评价方法

新鲜性评价主要包括两个方面，即内容的新异性和报道的及时性。它们自身又分别包括四个或三个度量指标。内容新异性的度量指标是：对已经发生了的事实的新知和新解、对已经发生（或当下发生）了的事实的新见、对正在发生的事实的报道、对将要发生的事实的报道。报道及时性的度量指标是：对已经发生（或当下发生）事实报道的时间差、对正在发生事实报道的时间差、对将要发生的事实（或未来事实）报道的时间差。

显然，对这些指标项的评价，同样只有通过样本的抽取和审读，并把相应的分值输入数学模型进行计算，才能给予正确的评价。

5.3 实用性评价指标

“为了影响读者，报纸上的一条信息必须能对读者的某种态度或信念有修正、祛除或加强作用，或者必须诱发、或加强、或削弱、或打消一种情感状态，或必须导致他的实际行动。”[97]这里讲的就是新闻的实用性。如果按照前引拉斯韦尔关于传播功能的论述，就是调整自身的认识和行为，同时协调社会各部分的关系以回应环境的变动。[98]这个“回应”就是实用性。

对这种回应我们怎样评价呢？可以根据个体的回应和群体的回应来进行评价，也可以按照霍尔模式，根据读者解码的三种可能来评价。但是，无论是读者个体的回应、群体的回应还是解码过程，都是一个十分复杂的过程，也就是说，从读者角度去进行评价是很困难的，因此，我们只有就报纸新闻文本自身的价值和传播意图来构建实用性评价指标。从拉斯韦尔关于传播功能的理论和媒介使用的经验来分析，新闻的实用性显然主要是读者获取新闻以后的意义建构价值和行为指导价值。“从意识形态来说，新闻含蓄地推销着社会精英阶层占主导地位的信念和观点。”[99]因此，意义建构也应该是新闻传播的基本目的和功能，而人的行为是受自身思想意识支配的，意义建构是行为发生的前提，这样一来，拉氏“回应说”在逻辑上就可以看做是由意

义建构和行为指导两个层次构成的。行为指导价值是拉氏明示的传播的基本功能。停水停电这类新闻对相关读者的行为指导价值自不待言，即使像特朗普退出巴黎协议这样的新闻，同样可以引发读者的行为变化，比如，起码他们知道，全球气候正朝着不利于人类生存和发展的方向变化，为此，每一个人都有义务为保护地球生命系统的延续而尽自己的绵薄之力。

因此，实用性评价主要包括两个方面：

意义建构价值；

行为指导价值。

5.3.1 意义建构价值

意义建构价值就是新闻对于培养读者正确认识世界、自然和社会等具有正面价值，比如说，符合社会主义核心价值观的要求。新闻提倡什么、反对什么，是读者建构世界意义的重要指南。新闻怎样描绘世界，读者就会怎样认识世界，新闻主要突出社会的阴暗面，读者就会觉得社会是阴暗的，反之亦然。在由媒介主导人们对世界的感觉、感知和思想的时代，媒介就成为读者的认知世界的社会器官，媒介素养不高的读者会把媒介现实当做真的现实，媒介的意义世界就是读者的意义世界。因此，意义建构价值是新闻实用功能的一个重要方面。

5.3.2 行为指导价值

就是新闻能够指导读者采取正确的行动，以适应环境的变化，比如最简单的就是停水新闻报道以后，采取相应的储水措施。又如，有关加强诚信建设专项治理的新闻报道以后，个人和群体都按照诚信原则来行动，等等，也就是读者采取霍尔的“支配—霸权立场”解码模式，读者的解码立场跟报纸“专业制码”立场一致，读者所接受的新闻意义与报纸新闻传播者的意图一致，制码解码两相和谐，报纸和读者对处于支配模式的意义进行再生产。

拉氏关于传播社会功能的论述，是由个人延伸到社会的，即由个人的认知和行为、人与人之间的认知和行为的协调到整个社会的认知和行为的协调，因此意义建构和行为指导又可以更具体地从个人、社区和社会三个方面来进行评价。报纸的功能可以按照个人服务、社区服务和社会服务进行分类。当然，这种分类不可免地会出现重复分类或者分类过于武断的问题，但它毕竟有助于我们从多角度去看问题。[100]

5.3.3 实用性评价方法

实用性评价同样采取前面有关真实性、新鲜性的评价方法，即文本抽样方法和数学评价方法。当然，由于实用性涉及个人、社区和社会三个层面，必要时可以进行田野调查，通过实证研究来证明报纸在实用性方面的品质。这就需要建立另外的评价解决方案才能做到。

5.4 正义性评价指标

正义的基本内含是：个人道德之善、秩序和谐之美、社会制度之德。新闻的正义性评价主要包括两个方面：

新闻的正效应；

新闻的正外部性。

5.4.1 新闻的正效应

新闻的正效应就是新闻报道要建立和陶冶个人道德之善，包括爱国、敬业、忠诚、友善，以及勤劳、善良、勇敢、诚信、节制、正直等优秀品质；同时要维护人与人、人与社会、人与自然的和谐秩序；还要坚守社会制度之德，如自由、民主、平等、公正、法制、文明等美德。

也可以从实用性来观照新闻的正效应。新闻能够产生具有正面价值的意义建构、产生具有良好社会效应的行为，新闻就具有正效应。既然可以用实用性来评价新闻效应，为什么还要设计新闻正效应评价指标呢？从指标设计的独立性原则来看，似乎这里的正效应是多余的。但是正效应必须联系到下面的正外部性来认识，从正义理论的角度来看，只有具有正效应的新闻才具

有正外部性。而从媒介价值的角度说，给新闻文本的评价增加一个重复性指标，可以相当于增加了新闻文本在整个评价体系中的权重，而报纸的一切影响都来自于新闻文本，增加对这个要素的评价权重，并不会影响对报纸的整体评价，相反，更有利于对报纸质量作出准确的评价。何况，实用性是从一般意义上来评价文本的质量，这里则主要从正义的角度来进行评价，角度毕竟不同，因此，尽管正效应指标与实用性指标有重复之嫌，但从逻辑上说非但不重复，而且很有必要。

5.4.2 新闻的外部性

外部性是一个经济学的概念，简单地说，它的意思就是，不参与生产、交易和使用的人，因为其他人的生产、交易或使用，而给自己带来了价值。这种价值可能是正面的有益的价值，也可能是负面的有害的价值，前者就称为正外部性，反之亦然。如果前面的有关评价围绕的是“报纸—读者”这一对基本关系的话，正外部性主要是围绕“报纸—非读者”这一关系来讨论。主要有思想影响、行为影响和价值影响。

2009年6月5日，成都发生公共汽车燃烧事件，系犯罪嫌疑人使用汽油纵火所致，造成27人遇难，74人受伤。接下来，2013年8月19日，犯罪嫌疑人周某在河南安阳市的一辆公交车上持刀抢劫杀人，造成15人被捅伤，其中2人在救治途中死亡。2014年2月27日，犯罪嫌疑人苏某同样使用汽油纵火，在贵阳市点燃一辆正在行驶的237路公交车，造成6人死亡、35人受伤。类似公交车上的恶性刑事犯罪事件，跟罪犯的模仿是否存在联系，我们不得而知，如果存在联系的话，那么，成都有关的新闻报道可以说直接产生了新闻的负外部性。前举南京彭宇案，新闻媒介的报道框架是“做好事反被讹”，这很可能直接导致了后来的一系列不良社会后果。2009年2月16日南京一位人瘫倒在人行道上，多数路人稍微犹豫一下就绕道而走。2009年7月22日，西安一位老人过马路时不慎摔倒，许多人围观而不愿意施以援手。2010年1月30日，抚顺一老人摔倒，20多人围观无一上前相助。2010年12月15日，深圳一位78岁的老人在自己的小区跌倒，保安和路人都不愿意去扶，20分钟后老人的儿子赶到，但老人已经停止了呼吸。2011年10月13日，2岁的小悦悦在佛山南海黄岐广佛五金城被车撞到、碾压，7分钟内18名路人路过都视而不见，期间小悦悦遭再次碾压，最终医治无效离开人间。2017年4月21日河南驻马店一女子被出租车撞到，出租车逃逸，1分钟内又遭二次碾压，这1分钟途经车辆10余辆、经过的行人约20人，无一施救，结果惨死。有人认为2006年南京彭宇案，“是今天所有见死不救的开始”，“有人直接形容，彭宇案让中国道德水平倒退五十年”。[101]如果这种说法能够得到实证研究的支持，可以说是新闻负外部性的一种典型案例。

以上事例中的受害者是否读过相关新闻我们不知道，至少小悦悦应该没有读过，但他们显然都受到了新闻负外部性的伤害。当然，前面已经说过，由于新闻接受的复杂性，很多新闻文本我们无法即时评价它会产生怎样的外部性，也没有任何好的办法去确认某一新闻与某一事件之间的因果关系，一则正面报道的新闻也很可能产生负外部性。2000年轰动全国的“张君案”被公开审理，案件采取这种正面报道的方式，本来是为了震慑犯罪，但是次年3月在湖南安乡县抓获的一个犯罪团伙却声称，他们就是学习张君的，犯罪灵感也来自张君。[102]既然新闻外部性的评价如此困难，我们为什么还要作为报纸质量的评估标准呢？这是因为报纸与非读者的关系毕竟是新闻价值的一个重要方面，虽然评价困难，但从逻辑上必须有这样一个指标，整个评估指标体系才能显得科学、完善。

5.4.3 正义性评价方法

新闻正义性只是从新闻文本质量评价的逻辑上说是必需的，而在具体的评价中操作则是比较困难的。因为即使有良好传播初衷的新闻文本也完全可以产生为传播者始料未及、适得其反的传播效果。当然，我们依然可以仅仅只从传播者的意图出发，运用5.5. 5.6节以及第八章的方法来评价新闻文本，只要文本自身不存在教唆、煽动或催化某些不良社会认知和行为的意图，就可以认为这样的文本在这个方面是高质量的。

不过，从过程来说，报社自身可以采取“关键事件技术”法来评价文本

形成过程中是否存在漏洞，尽量保证新闻的正义性。所谓“关键事件技术”就是通过记录新闻报道的过程中已经出现过的成功或失败的行为和事件，来发现报纸管理中可能存在的质量问题或质量优势，从而对报纸自身新闻报道的能力和水平做出客观的评估，并采取措施，把正义性作为提高新闻报道质量的重要尺度。这种方法的程序和理论基础，本研究不拟展开，原因跟前面说的一样，那就是，这种评价属于报社内部的评价，尽管这种评价也很可能是总结性的。

5.5 层次分析法与新闻文本质量评价

5.5.1 层次分析法的基本原理

对一个对象进行客观、公正、合理的全面评价有多种方法，如层次分析法、模糊综合评判方法、数据包络分析法、人工神经网络评价法等，这些评价方法都有自己最适合的评价对象。对于物理表征清楚的物理系统来说，可以使用精确数量模型解决。如果是“劣结构问题”，层次分析法是一种有效工具。根据3.4的讨论，本书按照层次分析法来建构新闻文本质量评价模型。

层次分析法（analytic hierarchy process,简称AHP）是将评价对象的特征元素分解成评价目标层、评价项、评价因子层，用一定的标度对人的主观判断进行量化，把定性分析和定量分析结合起来的一种方法。它是在对评价对象的本质、影响因素和内在关系进行深入分析以后，建立起来的一个层次结构模型。

建立层次结构模型首先是把复杂问题的各个构成因素分解为互相联系、不同层次、不同隶属关系的递阶结构系统，再根据评价主体对客观实际的模糊判断，把每一层次的相对重要性定量表示出来，以便利用数学方法，确定全部元素相对重要性次序的权系数。

层次分析法是基于决策科学建立起来的，因此，它递阶层次结构分析模型是这样构成的：

（1）最高层：这一层次中只有一个元素，一般它是分析问题的预定目标或理想结果，因此也称为“目标层”。

（2）中间层：这一层次中包含了为实现目标所涉及的中间环节，它可以由准则、子准则等若干个层次组成，因此也称为“准则层”。

（3）最底层：这一层次包括了为实现目标可供选择的各种措施、决策方案等，也称为“措施层”或“方案层”。

每一层次中各元素所支配的元素一般不要超过9个，这是因为比较判断的定量化指标最大标度为9，如果支配的元素超出了9个，势必给两两比较判断带来困难。

其次，层次分析法须通过专家对同层指标两两比较，给出一个指标相对于另一指标重要程度的标度，构造出一个两两比较判断矩阵来。

第三，运用层次分析法建立分析模型，大体上按以下四个步骤来进行：

（1）建立递阶层次结构模型；

（2）构造出各层次中的所有判断矩阵；

（3）层次单排序及一致性检验；

（4）层次总排序及一致性检验。

本书利用了层次分析法的基本原理，舍弃了它基于决策研究所使用的概念，而将这一分析方法改造以后，运用到报纸质量研究之中。

5.5.2 新闻文市评价模型

根据前面对新闻文本构成要素的分析，利用层次分析法建立新闻文本质量评价的递阶层次结构和评价模型，如图5–2所示。

这里把层次分析法的目标层、准则层和方案层进行了一些改造，被评价的对象作为评价目标，对应于原来的目标层；新闻文本第一级构成要素作为评价项，对应于原来的准则层；体现评价项的各个方面的要素作为评价因子，对应于原来的方案层。

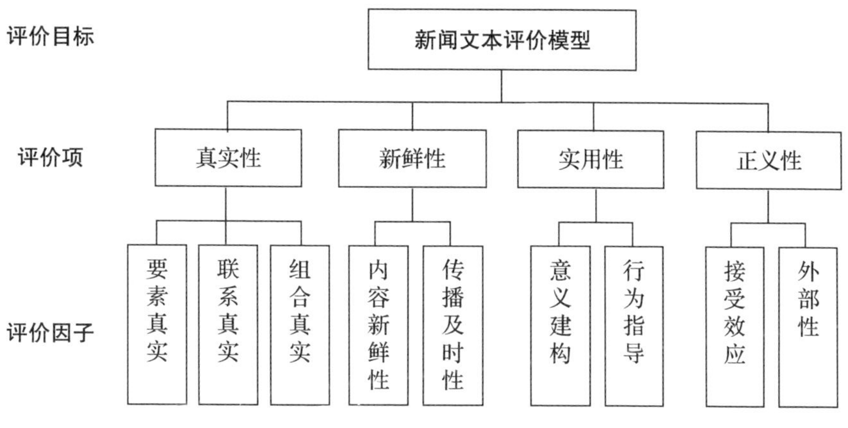

图5—2　新闻文本质量评价模型

5.5.3 新闻文本评价指标体系

对于新闻文本而言，仅仅只有递阶结构中的三层还不具有操作性，我们进一步建立了评价体系的第四层，就是对评价因子进行评价的“因子度量指标”，构成一个可操作的评价指标体系。它是将评价目标逐级分解后形成的既有层次又相互联系的系统化指标群，是根据可测或具体化的要求确定的不同层级的具体评价项目。指标体系的设立要遵循科学性原则、系统性原则和可行性原则，同时，体现动态发展，在实践中不断加以修正和完善。

根据前文的分析，新闻文本质量评价指标体系，如表5—1所示。

表5-1　新闻文本质量评价指标体系

评价项	评价因子	评价因子度量指标项		
真实性	要素真实	时间	地点	人物
	联系真实	内部事实之间	内外事实之间	未来状态之间
	组合真实	同版组合	异版组合	异日组合
新鲜性	内容新异性	新知新解	新见	过程中
	传播及时性	过去事实	当下事实	正在发生的事实
实用性	意义建构	个人意义	社区意义	社会意义
	行为指导	个人行为	群体行为	社会行为

续表

评价项	评价因子	评价因子度量指标项		
正义性	接受效应	个人道德	秩序和谐	社会制度
	外部性	思想影响	行为影响	价值影响

5.6 新闻文本评价因子权重的确定

求权重是综合评价的关键技术。确定权重系数的方法很多，目前统计出来的方法就有数十种，其中层次分析法是人们普遍认可的一种科学方法，对于那些难以进行定量分析的复杂问题特别适宜。[103]

5.6.1 构造判断矩阵

构造判断矩阵是层次分析法的基本信息，也是进行相对重要度计算的重要依据。

假设现在要比较 n 个因子 $X=\{x_1,\cdots,x_n\}$ 对某因素Z的影响大小，怎样比较才能提供可信的数据呢？层次分析法的创始人萨迪（T.L.Satty，美国著名运筹学家）等人建议采取对因子进行两两比较，建立成对比较矩阵的办法来进行。即每次取两个因子 x_i 和 x_j，以 a_{ij} 表示 x_i 和 x_j 对Z的影响大小之比，全部比较结果用矩阵 $A=(a_{ij})_{n\times n}$ 表示，称A为Z–X之间的成对比较判断矩阵（简称判断矩阵）。容易看出，若 x_i 与 x_j 对Z的影响之比为 a^{ij}，则 x_i 与 x_j 对Z的影响之比为 $a_{ij}=1/a_{ij}$。

【**定义1**】若矩阵 $A=(a_{ij})_{n\times n}$ 满足

（1）$a_{ij}>0$，

（2）$a_{ij}=1/a_{ij}$（$i,j=1,2,\cdots,n$）

则称之为正互反矩阵（易见 $a_{ij}=1$，$i=1,2,\cdots,n$）

关于如何确定 a_{ij} 的值，萨迪等建议引用数字1–9及其倒数作为标度。表5–2列出了1–9标度的含义：

表5-2　标度的含义

标度	含义
1	表示两个因素相比，具有相同重要性
3	表示两个因素相比，前者比后者稍重要
5	表示两个因素相比，前者比后者明显重要
7	表示两个因素相比，前者比后者强烈重要
9	表示两个因素相比，前者比后者极端重要
2，4，6，8	表示上述相邻判断的中间值
倒数	若因素i与因素j的重要性之比为a_{ij}，那么因素j与因素i重要性之比为$a_{ij}=1/a_{ij}$

5.6.2 层次单排序及一致性检验

报纸质量评价就是对报纸进行价值判断，价值判断需要使用判断思维，才具有科学合理性。判断思维需要在对各种评价指标作出重要性判断时，保持各判断指标之间的一致性，不出现相互矛盾的结果；而在多阶判断条件下，极易发生判断的不一致性，只是不同条件下，不一致的程度有所不同而已。判断矩阵的建立使判断思维数学化，使复杂模糊的经济、社会和文化问题的定量分析成为可能，从而把价值判断建立在了科学的基础之上。最重要的是，这种数学化的方法可以检查并保持判断思维的一致性，就是使用判断矩阵特征根的变化来检验判断的一致性程度，把判断矩阵最大特征根以外的其余特征根的负平均值，作为度量判断矩阵偏离一致性的指标。

首先根据判断矩阵计算相对于上一层次的某一个元素本层次对应元素重要性秩序的权值，这种方法叫做层次单排序。判断矩阵A对应于最大特征值λ_{max}的特征向量W，经归一化后即为同一层次相应因素对于上一层次某因素相对重要性的排序权值。

检验一致性。综合全部比较结果，找出其中的非一致性。如果比较结果是前后完全一致的，则矩阵A的元素还应当满足：

$$a_{ij}a_{jk}=a_{jk},\ \forall i,j,k=1,2,\cdots,n \tag{5-1}$$

【定义2】满足关系式（5-1）的正互反矩阵称为一致矩阵。

需要检验构造出来的（正互反）判断矩阵A是否严重地非一致，以便确定是否接受*A*。

定义一致性指标$CI=(\lambda_{max}-n)/(n-1)$，筛除不合理判断矩阵用一致性比率CR，CR=CI／RI，RI是平均随机一致性指标，可查表获知。[104] 当CR<0.1时，所求特征向量具有满意的一致性，可以作为指标权重，否则需调整判断矩阵元素，直至通过一致性检验为止。

除了单排序以外，还可以运用层次总排序进行一致性检验，但最新研究表明，在实际操作中，总排序一致性检验可以省略。

5.7 新闻文本评价因子权重

采用层次分析法给出的各种元素的优先排序权值，从本质上来说，表达的是一种定性的概念，因此，一般用迭代法在计算机上求得近似的最大特征根及其对应的特征向量。运用这种方法，可以得到了新闻文本各评价因子的权重如表5-3所示。

表5-3　新闻文本各评价因子的权重

目标	评价因子	评价因子	权重
新闻文本	真实性0.3794	要素真实	0.1710
		联系真实	0.1146
		组合真实	0.0938
	新鲜性0.3106	内容新异性	0.1708
		传播及时性	0.1398
	实用性0.1705	意义建构	0.0937
		行为指导	0.0767
	正义性0.1396	接受效应	0.0836
		外部性	0.0560

凭经验可以判断，上表各评价因子的权重应该是科学合理的。如果进行实证研究，应该与新闻文本质量的实际情况相契合。

5.8 评价因子重要性序列

从评价指标的重要程度来看，它们的序列是：

真实性、新鲜性、实用性、正义性。

真实性和新鲜性作为新闻的本质特征，两者的重要性最大，其中真实性又大于新鲜性。没有真实性，新鲜性就是“伪新鲜性”，就没有任何价值，但如果有真实性，只是新鲜性不足，却有构成新闻的可能；另外，真实性是新闻的本体特征，新鲜性是新闻的价值特征，虽然两者都是对新闻的客观性要求，但毕竟后者已经由客体特征联系到了主体需求。因此，真实性的重要程度大于新鲜性。

在真实性各个度量指标中，其重要性序列依次是：

要素真实、联系真实、组合真实。

因为要素不真实，就全部不真实，所以要素真实的重要性是第一的。而要素不真实却可能联系是真实的，文学作品就是这样的文本，所以联系真实的重要性是第二的。组合真实是版面修辞，离开了前二者的真实性，组合真实就会失去意义，当然，假新闻和真新闻组合在一起，也可能产生一定的修辞效果，甚至出现负面效果，所以，组合真实也是重要的，但只是它的重要性程度是第三的。

在新鲜性的两大指标中，重要性序列是：

内容的新异性、报道的及时性

新闻对人的效用显然是源于内容的，报道再及时如果没有新异的内容，也是没有意义的。

进一步，如果新闻没有真实性和新鲜性，即使有实用性也不会是新闻的实用性（如文学作品）。新闻的实用性是建立在新闻的真实性和新鲜性基础之上的，因此，实用性的重要程度次于真实性，更次于新鲜性。正义性是基于实用性而产生的，没有实用性就谈不上正义性。所以实用性的重要程度大于正义性。

实用性两大指标的重要性序列是：

意义建构价值、行为指导价值

意义建构显然是在行为发生之前的，读者没有构建新闻的意义就不会采取相应的行动，正因为懂得了新闻的意义，新闻才能指导相应的行动。

正义性的两大指标的重要性序列是：

接受效应、外部性

从因果关系来说，外部性是由于接受效应而产生的，先产生了接受效应，然后才出现了外部性，没有接受效应，就根本不会存在外部性的问题。所以，接受效应的重要性大于外部性。

5.9 本章小结

本章主要研究了新闻文本的评价问题。新闻文本是对新闻事实反映的产物。新闻事实本身是本文，文本是对本文的反映。文本反映得如何、可能产生什么效应，主要通过真实性、新鲜性、实用性和正义性四个指标来评价。这四个指标又可以进一步分解为两级指标，共同构成新闻文本的评价指标体系。其中，正义性指标往往无法进行即时性评价，只有在社会效应产生以后才能对这一指标做出更准确的评价。但从逻辑上说，这一指标是缺一不可的。

在评价指标确定以后，研究了评价指标权重的确定问题。然后按照层次分析法确定了新闻文本评价指标的权重系数，为指标体系的后续应用奠定了基础。

第六章 版面语言质量评估指标体系

版面语言质量是报纸质量的关键组成部分，是报纸质量特殊性的核心要素。版面语言是怎样一种表达工具，它的语言学构成又是怎样的；版面语言质量的内涵和外延是什么；如何评价版面语言的质量，如何构建版面语言质量评价指标体系。本文尝试对这一系列问题做一个初步的探索。

6.1 版面语言价值论

6.1.1 作为语言子媒介之一的报纸语言媒介

报纸，从语言学和媒介学的意义上说，可以称为“报纸语言媒介”。这种称呼是否有着客观的依据呢？答案是肯定的，这种依据就是报纸版面语言。

报纸版面语言的所指是什么呢？相关定义很多，不必一一进行检讨。按《现代汉语规范词典》（2014版）对语言的解释，语言是以语音为物质外壳，由词汇和语法两部分构成的符号系统；同时它也是指某些特定领域内用来表示和交流信息及数据的非语音的符号系统，如计算机程序语言、舞蹈语言、数学语言，等等。报纸版面语言属于后者，它可以简单定义为报纸评价新闻事实所使用的一种视觉语言。从语言学的角度说，作为一种非语音的符号系统，版面语言的主要构成就是词汇和语法。

但是，版面语言并非只是非语音符号系统这么简单。语言作为一种媒介，是由众多子媒介的集合组成的；而且语言的物质外壳并不仅仅只有语音，每一种子媒介都有自己的物质外壳和相应的物质基础。譬如，汉语是由众多方言的集合组成的，每一种方言就是汉语的一个子媒介；去掉这些方言，汉语就不存在了。汉语的这些方言是以区域居民从小在这个环境中形成的发音器官为物质基础、以独特的发音作为物质外壳，并有自己独特的词汇、甚至语法。方言，可以视为语言的“原初子媒介”。虽然目前汉语普通话是以北京语音为标准音，以北方话为基础方言，以典范的现代白话文为语法规范，但它并没有完全同化各地的方言；即使同一个方言区，依然还存在更小的方言单位，有时甚至相邻的两个村子都有方言的区别。这些方言是汉语存在的特殊形式，是汉语的子媒介，它们共同构成了汉语这个独特的语言媒介系统。

方言作为语言的原初子媒介，它们是以“共时态”的方式存在于语言媒介的横断面上的。语言还以“历时态”的方式不断发展，衍生出新形态的子媒介，报纸语言就是这些新形态子媒介中的一种。如果说方言子媒介之间的关系是兄弟，那么报纸语言之类的子媒介就是这些兄弟繁衍的后代。表面上报纸是利用语言来报道新闻的一种媒介，似乎与同样需要采用语言进行报道的期刊、广播、电视等没有什么不同，至多不过是，报纸期刊是印刷语言加图形，广播电视是声音语言或者声音加影像的语言而已。实质上，报纸语言媒介不仅是与广播电视完全不同的语言媒介，即使与同样使用印刷语言的期刊相比也是截然不同的。因为报纸语言具有不同于其他媒介的物质外壳：印刷文字和“新闻纸”。虽然期刊（甚至书籍）也使用印刷文字和新闻纸，但报纸“新闻纸”纸幅的大小和形式完全不同于期刊（书籍）。这种纸幅大小的不同，不仅仅只是一种量的差别，而是一种质的改变。在这样的纸幅空间中，新闻文本之间、新闻文本与其他符号（如线条、色彩）之间相互配合，构成了报纸新闻报道一种独特的言说方式和言说体系。这种独特的言说方式和言说体系就是报纸的版面语言，而这种版面语言正是报纸成为语言媒介之独立子媒介的基础和核心。所以，把报纸称为“报纸语言媒介”应该是没有什么问题的。

6.1.2 从书写的版面语言到报纸版面语言的演化

从媒介发展史来考察，语言与不同的物质基础（比如发音器官、书写工具、技术手段；音乐语言中的不同乐器等）、物质外壳（比如语音、文字），以及相应的传播体制（比如大众传播还是组织传播）、传播内容（比如新闻）、传播方式（比如即时传播和延时传播）、传播对象（可以从时间、空间、对象特征和规模等进行研究）等结合在一起，其媒介特性和传播效果是很不一样的（鉴于本文的主要任务不是探讨这个问题，此处从略）。比如语言与文字结合，文字成了语言的物质外壳，于是语言变成了可以书写的媒介，这种语言媒介的功能和价值就完全不同于纯粹的、以语音为物质外壳的口语语言（可称为“语音语言媒介”）。作为物质基础的书写工具比发音器官更具表达效果，它可以在向对象传播以前，对文字进行精心修饰，以取得比即时的语音传播更好的效果（虽然没有文字以前的演讲可能也要对口语进行精心修饰，但显然难以与书面语言的修辞相媲美），这就比口语更有优势；而且逐渐形成与口头语言相区别的书面语言，或者说与“语音语言媒介”相区别的“文字（书面）语言媒介”。同时，这种“文字（书面）语言媒介”还会随着其书写工具（物质基础）和书写材料（物质外壳）的不同，显示出不同的媒介特性来。泥版、莎草纸、羊皮纸，或者龟甲、兽骨、石头、青铜器、缣帛、缯、人造纸等与文字结合都形成了具有不同物质外壳的、独具特色的媒介。仅仅从版面语言来说，这些“文字（书面）语言媒介”借由书写工具和书写材料的不同就会形成不同的版面语言。当年颜真卿写的《祭侄稿》，作者的愤慨、悲伤、激昂和英风烈气，是通过笔墨借着文字在空间中流转所形成的版面语言流露出来的。宋代画家郑思肖画的兰草，都露着根，甚至没有根。“国破家亡，兰花无土可依”的爱国情怀及画家对故土的忠诚就是通过这种版面语言来表达的。但如果它们不是呈现在人造纸或者绢帛等书写材料上，不是采用毛笔这种书写工具，那就将是另外一种版面语言。当然，从传播范围来说，无论是传播的时间、空间和受众群体的大小，文字（书面）语言媒介都比语音语言媒介更长、更广。

当语言由文字（书面）语言媒介演变成“印刷语言媒介”以后，尽管其中只是语言使用的物质基础由书写的笔变成了印刷机器，但其意义也同样不是工具的改变那么简单：作为一种集体劳动的产物，印刷媒介生产的内容比书写媒介更加标准化和更少错误，且更易于传播；不仅如此，印刷语言媒介的规模化生产、规模化销售，能使内容在更长时间、更大空间和更多受众中传播。托克维尔指出："枪炮的发明使奴隶和贵族得以在战场上平等对峙；印刷术为各阶层的人们打开了同样的信息之门，邮差把知识一视同仁地送到茅屋和宫殿前。"[105]而当印刷语言媒介与新闻纸大尺度的版面空间结合起来以后，就形成了一种新的语言媒介——以版面语言为核心的报纸语言媒介。

6.1.3 计算机时代，版面语言价值的凸显

进一步，当报纸进入计算机时代，报纸生产的物质基础发生了革命性的改变。"在更多的报纸和杂志上印刷出版了更多的信息图形——地图、图表、图形、示意图等等——这也远远不是引入电脑图形系统以前可以想象的，甚至是根本不可能的。它们既带来了图形在内容、时效、形式和质量等方面的根本变化，同时也带来了新闻美工人员在角色和地位上的根本变化。"[106]例如第24届中国新闻奖一等奖版面获得者《新华日报》2013年1月21日A3版，以图表的形式解析过去五年以及未来五年的经济发展形势，首次尝试运用整版图表来将抽象的数据形象化。简洁直观、一目了然。而且整个版面使用红黄篮三原色，色彩搭配、比例的把握都恰到好处。编辑对新闻的价值态度通过这种形象化的表现跃然纸上。版面语言的独特性和功效通过计算机技术全面凸显了出来。第24届中国新闻奖二等奖获奖版面是《新华每日电讯》12月2日5-8版"嫦娥三号特别报道"。版面运用彩色通版的形式，结合了文字、图片、图表、二维码等多种版面元素，对这一重要事件进行集成报道。版面视觉中心是一幅高品质的图表，围绕这一图表，还分别安排了几组稿件，全方位展示此次探月的重大意义，并通过链接二维码等形式，扩展版面信息量。编辑对新闻的价值评价通过匠心独运的版面语言含蓄地表达了出来。其中，版面图片的配置、形式的处理、二维码的出场，在非计算机时代同样无法做到；而且这样的版面语言也是期刊所无法表达的。因此，菲德勒说美工人员的角色和地位发生的根本变化不是一句空话。如果说报纸语言媒介的个性就体现在版面语言的独特性上，那么计算机时代报纸美工已经成为报纸版面语

言的主导者。版面语言的独特价值和表达效果通过美工人员的创意编排完全凸显了出来；如果美工人员有相应的新闻业务修养，完全可以取代过去文字编辑人员（包括主编、责编和普通的文字编辑人员）的地位。也就是说，随着媒介物质基础或曰传播技术的进步，报纸越来越朝着以版面语言表达自身新闻价值观的本质和本位回归，这可以让我们更清楚地看到报纸版面语言之于报纸语言媒介的独特价值和核心地位。

然而，若干年来人们都把报纸简单地当成跟其他语言媒介差别不大的语言媒介，似乎语言媒介就是铁板一块，都属于同一种类型。[107]

6.2 版面语言本体论

6.2.1 版面语言的词汇

跟其他语言一样，版面语言也有自己的词汇和语法。版面语言的词汇同样可以分为基本词汇和一般词汇。

基本词汇：基本词汇是版面语言中最主要的部分，它和版面语法一起构成版面语言的基础。基本词汇是基本词的总汇，它包含的词比较少，但却是最常用的词汇，或者说报纸经常都要运用的词汇。例如：

有关点的基本词：圆点、方点、花点、二角形点、标点等；

有关线的基本词：直线、折线、弧线、螺旋线、斜线、曲线等；

有关面的基本词：平面、立面、斜面、凸面、凹面、弧面等；

有关色的基本词：红、黄、蓝等；

有关字符的基本词：宋体、楷体、黑体、隶体、姚体等；

有关空间的基本词：实体空间、灰空间、空白、区间等；

有关标题的基本词：眉心题、盖文题、串文题、文包题等。

基本词汇是很稳固的，并具有很强的构词能力。比如点，可以构成各种各样的点：圆点，如●○◎⊙⊕；方点，如◇◆□■）；花点，如※＊＃☆；三角形点，如△▲▼▽；标点，如，、！等等，这些点还可以相互组合构成更多的点的词汇。又如线，可以构成长线、短线、水线、花线、花边、点线、水平线、垂直线、文武线、经纬线等众多的词汇。又如标题可以构成单式题、复式题、栏题、提要题、小标题、导读题等。

一般词汇：基本词汇以外的词就是一般词汇。它们可能是由基本词汇构成的，如线，除了上段罗列的各种线的词汇以外，还可以通过排列、疏密、对比（粗细、大小、虚实）、渐变、重复、交叉等，形成多变的版面线条词汇；标题可以通过纵、横、拐、跳、字符变体等空间和形式的变化形成标题词汇，等等。有些不是由基本词汇构造的，如刊头、题花、网纹、图片（包括照片、图示、图表、漫画）、模块（它们通常又被称为编排手段）以及版式、头条、破栏、标题（指新闻标题在版面空间中的占有形式）、版序、编排强势、区间优势（它们通常又被称为编排形式）等，它们则一起组成了版面语言中的一般词汇。一般词汇的数量大大超过基本词汇，但构词能力相对较弱。

跟一般语言的词汇一样，版面词汇也有多义性。白色可以表示清白和纯洁，也可以象征丧色、投降之色。此外，版面词汇也有固定词组，版序、版位、区间优势、头条、报眼等都是版面语言的固定词组。这些固定词组“按惯用法不容许做任何改变，并且不具有言语组合的自由性（这些成语化的组合因此成了某种聚合单位）。”[108]

6.2.2 版面语言的语法

除了词汇以外，版面语言也有自己的语法，且同样包括词法和句法。

词法：词法指的词的构成和变化规则，从语言学理论来说，包括构词法、造词法、词语组合法等。构词法就是版面语词的构成方法，比如眉心题，它的构词方法就是长度小于正文的栏宽，位置必须居于正文正上方正中而不能偏于一隅，标题的两边各有等宽的文字。这就是眉心题的构词规则。报纸左上角的空间就是头条，如果把右下角当做头条来使用，就违背了头条的构词规则。造词法是创造新词的方法，简单地说，就是在已有词汇基础上，报纸吸引读者、方便阅读、增加美感、凸显自身新闻立场的新方法。这些方法包括重组、变形、建构、换位、添加、重复、离合、复生等。比如，

字符，过去就只有黑、楷、宋、隶、魏碑等字体，电脑技术诞生以后，人们根据汉字的美学特征，采用变形、建构、离合等方法，创造出了琥珀、准圆、幼圆、雅黑、细黑、姚体、彩云以及空心字、勾边字、反白字、立影字等多种新词。又比如，过去漫画在版面上的使用并不多见，而现在人们采用重组、变形、添加的方法，创造出了“新闻+漫画”（直观）、“栏头+漫画”（添趣）、“版题+漫画”（增色）等多种版面词汇。而过去被人们摒弃的版面词汇，如通版、碰题等，则因为读者的变化和技术的变化，反而“复生”成了常用词汇。词语组合法与句法是一致的，组合法就是一种句法。重要新闻都组合到头版和要闻二版，这就是头版和要闻二版的词语组合法；如果把中间某个版这样来使用，头版和要闻二版反成了一般新闻版，就违反了这一组合原则。每版的头条空间通常都要与该版最有价值的新闻组合，图片、漫画、评论、新闻背景等通常都与重要新闻相配合，等等，都是属于词语组合法。词法的内容非常丰富，可以从新闻版面、专刊版面、副刊版面等不同版面去研究。新闻版面又可以从时政新闻、经济新闻、服务新闻、社会新闻、文化新闻、体育新闻等角度去研究，等等。

句法：就是版面语言组词成句的规则。专栏、特刊、专刊、副刊、号外、图片、头条等都是版面语言的句法。比如，专栏通常是针对某个创意来设置的，专栏的空间位置、面积大小、文章主题往往都具有一致性，这就是专栏的句法。特刊都是针对某一个重大事件推出的，比如“两会”特刊，特刊的文章都具有特定的报道对象、重要的版位，这就是特刊的句法。与特刊相比，专刊也有特定的报道领域，但从主题的重大性、报道的集中性以及报道的空间范围和时间长度来说，两者又存在很大的区别。副刊通常发表的是情感性、知识性的作品或者软文。号外则是特别重大的事件采用的句法。图片除了其本身就具有新闻报道功能以外，还有突出版面重点、增强视觉冲击、强调新闻价值的句法作用（当然，这种情况下，图片的使用也兼具版面视觉修辞的功能，详后）。头条空间与某一新闻组合在一起，表达的意思就是它是一条价值很大的重要新闻，如果把一条没有多大新闻价值的新闻放在这个头条空间，就不符合这一语法规则。又比如灾难性新闻用黑线，以示哀悼，喜庆性新闻用红色，甚至配上红灯笼，而不能相反；表现青春和繁荣用绿色，表现和平与深远用蓝色，而不能相反。这些都是色彩与内容组合为相应的版面语言所必须遵守的规则（指在中国，在其他国家色彩的象征意义又有所不同）。还比如，稿件与稿件在同一版面空间组合起来以后，不能让读者产生错误的联想，等等。版面句法可以从许多角度去进行系统研究。党报、市民报、行业报，或者新闻、言论、图片都有自己的句法。

鉴于本文主要任务是讨论版面语言的质量及其评价问题，因此对有关版面语言的词法和句法的研究这里不再系统展开。

6.3 版面语言质量评价

6.3.1 版面语言质量的实质：修辞的质量

讨论版面语言的质量及其评价问题，首先要明确版面语言、版面言语、版面话语三个不同概念的区别。语言是人类思维和交流的工具，按照索绪尔的观点，语言是社会机构，由规则与传统构成，已经系统化。[109]因此，版面语言既是报纸版面设计的思维工具，也是报纸用来向读者传达自己对新闻事实评价的工具。言语，则是人类利用语言进行思维和交流的行为本身，是对语言的具体运用。语言是言语的语料和规范，是对言语现象的归纳和抽象；言语是语言存在的条件，没有言语就无所谓语言。报纸版面语言的设计过程就是利用版面语言进行言语的过程，它是指一种行为。言语的结果就是话语，话语就是利用语言进行思维和交流的产物，版面话语就是已经形成的某个具体版面。[110]因此，版面言语与版面话语密切相关，言语直接决定版面话语的质量。对于读者来说，言语发生在报纸操作的后台，他们无法参与、无从知晓，他们能够看见的就是版面话语（言语作为一个过程有一定程度的随意性、个体性，一不小心就会影响到言语的结果——话语，所以报纸要保证版面话语的质量，就需要建立报纸质量保障体系，规范版面言语行为）。因此，只有保证编辑设计人员具有科学的、正确的言语行为，才能保证言语行为的结果——版面话语的质量。

进一步，语言符号系统是“外”于个人的社会性“自然”，[111]是言语交流的工具，它无所谓好坏优劣。言语首先是一个思维过程，这个思维过程发生在个体的大脑之中，是一种内部传播，也无所谓好坏优劣。一旦言语思维的结果变成言语行为，言语就成为了话语，这时候，发话者和受话者就构成了一对使役关系，传播就由内部传播转到了外部传播。无论是哪一类言语行为，比如演讲类言语行为、命令类言语行为、劝服类言语行为、抒情类言语行为、告诉类言语行为等，外部传播都会产生一定的效果，都会对受话者的生理、心理或行为产生影响。因此，作为言语结果的话语，就有一个好坏优劣的问题。就版面语言来说，版面言语行为发生在读者看不见的后台，它的好坏优劣只有通过版面话语才能表现出来。因此，可以说，版面语言的质量也就是版面话语的质量。对版面语言质量的评价就是对具体版面、也就是版面话语质量的评价。

话语质量，换一句话说，就是话语表达的好坏优劣。从语言学的角度看，话语表达的好坏优劣，归根结底就是一个修辞问题。修辞“是人们依据具体的言语环境，有意识有目的地组织建构话语和理解话语，以取得理想的交际效果的一种言语交际行为。”[112]当然，修辞不仅仅只是一种行为，作为一种“理想的”结果，它表现为话语是否得体，好的、优的就是得体的，反之亦然。因此，版面语言的质量评价标准就是版面话语修辞的评价标准。前面谈到过，版面语言是报纸对新闻事实进行价值评价的工具，那么，版面话语的质量就是看报纸是否准确地表达了自身对新闻事实的价值评价。当然，由于价值问题的复杂性，这种评价既是绝对的，又是相对的。“绝对的”是说，媒介是社会的公器，所以，新闻的客观价值有其自身的参照系统，很多新闻对于很多人都具有差不多的价值；“相对的”是说，媒介是定位于某个特定的人群的，新闻价值的评价往往又是基于这个群体的价值观或者利益来做出的。因此，评价版面语言的质量，就是看版面话语修辞是否实现了报纸对新闻价值评价的最佳表达。

既然版面语言质量的评价标准就是版面话语修辞的评价标准，那么在我们概略讨论了版面语言的词汇和语法以后，还要讨论一下版面修辞的相关问题。

6.3.2 修辞评价的基本框架

版面修辞也可以分为积极修辞和消极修辞。从消极修辞来说，版面空间布局的均衡、对称、比例、节奏、疏密、主次等是最基本的表达要求。从积极修辞来说，版面修辞有轻重、并列、对比、联想、暗示、留白等辞格，独家、号外、特刊等也是一种积极的版面修辞。譬如轻重，就是“根据稿件内容的需要，有意识地运用编排手段（铅字、花边等）和版面空间的不同组合、布局，造成不同编排强势和区间优势，显示稿件之间的先后、主次、轻重关系，借以突出、强调某些稿件，表达编辑部对全版新闻等稿件的总评价。”[113]并列，就是把新闻稿件并置在同一版面空间，标题字体字号的大小、占栏长短和宽度都几乎完全一样，表达编辑部“这些新闻的价值大致一致”的态度。我们通常所谓的版面风格，就是版面修辞产生的直接效果，或简约、或繁丰，或刚健、或婉柔，或平淡、或绚烂，或谨严、或疏放，等等。

若干年来，在语言修辞学界，人们都在寻求修辞评价的标准问题，虽然很多探讨都是有价值的，但至今尚未形成一个具有广泛适应性而又便于操作的、公认的评价标准。1958年1月，毛泽东在《工作方法六十条(草案)》中提出了“三性”原则，即准确、鲜明、生动，很快就成了评价修辞效果的权威标准。1980年中国修辞学学会成立大会上，李晋荃《“准确性、鲜明性、生动性”是修辞的要求吗？——兼谈修辞学的研究对象》一文，[114]认为毛泽东主席的说法有着特定的内涵和指向，直接搬过来作为修辞的要求是不准确的，“三性说”于是被否定（当然，此后还是有人继续坚持三性说）。[115]吕叔湘先生认为，“从修辞的角度看，语句无绝对的好坏之别，一切决定于对象、场合、目的”，[116]意谓语境才是决定修辞好坏的标准。吕叔湘先生的说法也太笼统而不具有操作性，1996年王希杰先生提出修辞的最高境界是表达得体，“得体”是修辞评价的“唯一最高原则”，引起了修辞学界的普遍兴趣和重视。[117]1999年，李名方先生直接把修辞学称为“言语得体学”，并进一步指出，所谓得体就是要合境、合位、合礼、合俗、合式。这“五合”就是修辞得体、或者修辞好坏优劣的评价标准。

合境，就是适合语境。语境就是宏观社会环境和微观言语环境的统一。社会制度、政治气候、时代思潮、人文状况等属于宏观社会环境。特定的场合、特定的对象、特定的话题等就是微观言语环境。两者的统一就是说，在微观言语环境中交流要符合宏观社会环境的期待。经常说合时宜，就是合时、合宜两个方面，合时就是符合时代、时令、时机，合宜就是宏观与微观的统一，就是宏观与微观两相宜。合位，就是适合表达者的位置。将军和士兵处在不同的位置上，言语要与其身份相称。合礼，就是符合礼节、礼貌。合俗，就是适合风俗。风俗习惯不同，词语、句式和语气的选择就不同。合式，就是适合言语的体式。体式即通常说的体裁、样式。辩论要用论辩语体；公文要用公文语体；文学要用叙事语体。[118]

“五合”的修辞评价标准，目前得到了修辞学界很多学者的赞同和广泛认可，似成了一种合适的、正确的标准。

6.3.3 版面语言质量的修辞评价标准

那么，一般性的修辞评价标准是否适合报纸版面语言的修辞评价呢？答案是肯定的。不过，报纸毕竟是一种大众传播工具，是点对面的传播。而且，面向大众只是一种笼统的说法，每一个大众媒介都有一幅自己的受众素描，即都是面向特定人群的。譬如，喻国明先生曾经描述报纸的重量级读者（核心受众）为“主要是男性，30–49岁的中青年、具有高中或高中以上学历背景的人……属于城市居民中的中高收入者……”[119]等。同时，报纸又是通过版面语言来传播的。因此，根据报纸的这些特点，需要对前述修辞评价标准做适当的调整和修正。

首先，“合俗”完全可以与“合境”合并，因为风俗所展现的，就属于李名方“宏观环境”中所罗列“人文特性”的内容。中国人过年要相互拜年就是一种风俗，这种风俗显然是宏观的；即使某一民族、某一区域的风俗在主体意义同样也是宏观的（下文根据时间尺度和空间尺度的不同，把这一点放在合境的中观层面）。所以，没有必要把合俗单列出来。

其次，“合礼”在报纸新闻报道中，属于版面语法范畴，而不是版面修辞问题。一是因为由报纸定位所决定的报纸的交流对象基本上是给定的，也就是说读者群是给定的，因此版面语言的“合礼”基本上也是给定的。党报主要传播党的方针政策以及党和国家的重大新闻，其读者对象基本上都是党员或党员干部，因此版面修辞要显得庄重、严谨，花里胡哨是对内容的亵渎和对读者的戏谑，那就不合礼。都市报主要传播与市民生活密切相关的政治、经济、文化、社会和生活新闻，读者对象主要是市民，内容和对象决定了报纸需要生动活泼、需要趣味和娱乐，如果一本正经，就背离了读者的消费习惯，同样是不合礼（这一点跟后面要谈到的“合位”又很相似）。二是从内容和版面风格来说，礼往往也是给定的，如节日的版面修辞要以红色为主色调，重要新闻要加粗黑线，软文则采用水线，新闻版面要庄重，副刊版面则要灵动，这些都是合礼。第三，即使从报道对象来说，这个礼也同样是给定的，报道对象是国家元首该用什么礼，是普通百姓该用什么礼，不需要做多少思考，它们都是模式化的。从语言学的角度来说，这些模式化的“礼”属于版面语法而不属于修辞。从语法与修辞的关系来说，语法是规则，修辞是手段；修辞以语法为基础，只有合乎语法，然后才谈得上对语言的进一步加工。合乎语法是讲究修辞的先决条件，是评价话语表达效果的前提；如果连语法都不符合，就失去了讨论表达效果的价值。因此，合礼，作为报纸版面语言的语法规则，版面话语修辞评价可以去掉这个标准。

去掉“合俗”“合礼”以后，版面修辞的评价标准，就剩下“合境”“合位”“合式”三个标准了。但“合式”除了语体以外，还应该增加“色彩”和“篇章”。从语言学的角度看，语体属于词句的风格色彩，词句除了风格色彩以外，还有感情色彩，二者统称为“词句色彩”。而无论语体色彩还是感情色彩，都属于词法修辞和句法修辞的范畴，按照语言的层级，修辞除了词法修辞、句法修辞以外，还有篇章修辞。报纸版面完全可以视为运用版面语言表达的篇章，作为一种修辞结果，就表现为版面语言的篇章风格。因此，合式除了语体色彩、感情色彩之外，还有篇章风格的合式。既论色彩之式、又论风格之式，才能全面评价版面修辞的“合式”。其次，“三合”还不够，还要加上一个“合美”。因为报纸版面语言在形态上毕竟表现为一种视觉语言，版面话语修辞也就属于视觉修辞的范畴。修辞无论用什么标准去评价，让表达臻于“美”应是一切修辞都要达成的境界；而按照康德“美在形式”的命题，作为一种视觉语言的版面修辞，把“美”作为评价标准就自不待言了。因此，版面语言的修辞评价还涉及“美”的问题。依据李泽厚的美学思想，“我认为，美是真与善的统一，也就是合规律性和合目的性的统一。”[120]从报纸来说，合目的性就是版面语言表达与报纸对新闻价值的评价立场、评价态度、评价高度相契合，如果按照“新闻本质说”的观点，就是要反映事物的本质；合规律性就是版面语言表达与形式美的规律相契合，“统一”是说既合规律性又合目的性，达到真与善的统一。

“合境”“合位”“合式”“合美”，这“四合”就是版面语言质量的评估标准。

6.4 版面语言质量修辞评价的指标分析

那么，用这“四合”来评估版面语言质量，它们的涵义和评估指标体系是怎样构成的呢?

6.4.1 合境

前面说了合境就是指适合语言环境。李名方提出了宏观环境和微观环境，但宏观是一个变化缓慢的量，而微观是一个时刻都在变化的量，如果仅仅把微观放在宏观背景下来把握，很多事实的新闻价值就显现不出来，甚至被排除在新闻之外。第25届中国新闻奖一等奖版面获得者是《羊城晚报》2014年4月20日头版，主体是“红色娘子军精神·薪火相传”专栏，专栏主题是“践行社会主义核心价值观”，内容是“最后一位红色娘子军战士走了”的新闻报道。“践行社会主义核心价值观”是中国特色的社会主义发展到一定阶段出现的历史任务，既不属于宏观（社会主义建设），也不属于微观（具体的某个建设事实），而是属于中观。如果不是在这个中观背景下，最后一位娘子军战士逝世的新闻价值就得不到凸显。任何宏观环境首先都是由若干中观环境组成的，而中观环境又会产生若干微观环境。因此，新闻报道的“境”可以按时间尺度和空间尺度的长短、大小，分为宏观、中观和微观三个层次。这三个层次构成评价版面语言“合境”的具体指标。

1.宏观环境

从历史唯物主义观点出发，宏观环境可以视为由政治上层建筑和思想上层建筑所构成的环境，它是由一国的社会制度（政治制度、经济制度和思想文化制度）所决定的（当然，社会制度又是由经济基础决定的），因此可以统称为“制度环境”，核心是政治以及与政治相适应的思想体系或观念体系。新闻报道是一个对事实进行选择和加工的过程，这个过程既是一个因应政治需要的过程，又是一个在政治思想指导下的价值判断和价值实现过程。因此，版面修辞与宏观环境相契合最根本的就是，要有正确、鲜明的政治立场，以及基于这种政治立场的价值观念和报道观念。其契合程度是通过版面语言所显示或隐含的导向表现出来的。从政治来说，属于政治导向，从新闻价值判断来说，属于价值导向，从新闻价值的实现来说，属于舆论导向。

政治导向。维护政治制度的权威性是一切新闻媒体的责任，西方国家是这样，中国更不例外。因此，坚持正确的政治导向，坚持新闻的党性原则，是版面话语修辞必须遵循的基本表达规范。在我国，社会主义的新闻事业必须无条件地向群众宣传党的路线、方针、政策，接受党的绝对领导。2017年3月3日的《人民日报》“两会特刊”就体现了明确的政治导向。当天《人民日报》一共24个版，其中第9版至第14版以及第16版均为“两会特刊”。这些特刊最大的亮点是运用特别的版面语言，坚持政治主导，突出核心意识。主要表现在，更加突出以习近平总书记为核心的党中央的领导作用与取得的实绩。第9版以“五位一体”的发展理念为核心，首先以一篇言论做引领，阐述新发展理念的意义和价值。然后采访了5位代表委员，分别从相应的五个方面报道“五位一体”发展理念的落实情况。版面语言采用在每一位的采访录前面都冠以习近平指示的方法，很好地体现了核心引领与基层变化之间的关

系。特刊2～6版（10～14版），围绕新发展理念，从创新、协调、绿色、开放、共享五个方面，请代表谈感受，向读者说成就。每个版都以习近平同志的相关讲话作头条，并加粗红线和底纹，进行突出处理；然后围绕习近平的论断组织全版内容。这种版面语言充分突出了以习近平总书记为核心的党中央的领导作用与取得的实绩，体现了鲜明的政治导向。

人民日报 两会特刊

9

五位一体发力　中国画卷更美

当新发展理念成为新标杆

习近平总书记说

转型创新，民企有活力

反腐倡廉，干部更自信

文化传承，孩子来接力

社区共治，邻里更融洽

绿水青山，村村有"金银"

图6–1　2017年3月3日《人民日报》"两会特刊"头版

价值导向。价值是客观事物与人的需求之间的一种满足关系。事实是否能够成为新闻、是重要新闻还是普通新闻、是好新闻还是坏新闻抑或中性新闻等，始终存在一个价值判断的问题。从上层建筑的理论出发，版面语言的价值导向过程就是基于政治上层建筑和思想上层建筑之需要的一种观念性活动，这种活动的结果就体现在版面语言所表现的对新闻事实的价值判断上。比起政治导向来，价值导向更具多样性和复杂性。事物往往具有政治、历史、道德、文化、生活、交往等多方面的价值；而且对于不同的主体而言，对事物的价值判断也会表现出多样性、不一致性，甚至冲突性。同样的新闻，有的作为头条、有的作为报屁股、有的根本不予报道；有的作正面报道、有的作负面报道、有的作中立报道。当然，无论有多少种价值和价值判断，政治价值始终是一个核心的参照系统，坚持正确的政治方向是价值导向的矢的。“5·12汶川大地震”发生以后，各大报纸都以黑框、黑色大字号标题、黑版的形式出刊，表现媒体对逝者的尊重，对生命价值的肯定，对国家民族遭受如此重大灾难的凝重心情；而重庆《旅游新报》却在全国哀悼日的第一天，以《废墟重生》为题，让几个穿着很露的“美女模特”涂上假的献血，在地震废墟背景上摆POSE、拍写真，这样的版面语言就与政治的价值要求形成冲突，属于严重的道德价值导向错误。

舆论导向。政治导向、价值导向很多时候体现为新闻舆论导向，但新闻舆论导向并不完全是政治导向和价值导向，除了政治舆论以外，新闻舆论还包括文化舆论、道德舆论、生活舆论、行为规范舆论（当然从广义来说，这些舆论也关乎政治）。比如，关于禁烟的舆论、关于诚信建设的舆论、关于学术规范的舆论等。同时，政治导向和价值导向在一定历史时期内往往是稳定的、持久的指导思想，而舆论导向则是动态的、多变的，尽管舆论导向也是以政治为准的，但由于社会生活的复杂性，舆论的动态特征往往会导致引导的不确定性。因此，舆论导向正确与否也是评价版面话语修辞的重要指标。粉碎“四人帮”以后，“两个凡是”对历史发展造成了严重阻碍，1978年5月11日，《光明日报》在头版头条发表了本报特约评论员文章《实践是检验真理的唯一标准》，次日，《人民日报》《解放军报》同时转载。“特约评论员”文章、头版头条、转载都是版面语言，这些版面语言的使用就旗帜鲜明地否定了“两个凡是”的错误的思想路线。接着，一场关于真理标准的讨论在全国范围内展开，新的舆论导向把中国的发展导入了一个正确的思想路

线，引领中国开创了改革开放的新格局。可见，版面修辞在舆论导向中的重大价值。

光明日报

GUANG MING RIBAO

华主席给金主席的感谢电

华主席离平壤回国金主席到车站热烈欢送

金主席向华主席赠送礼品

实践是检验真理的唯一标准

图6-2 《光明日报》1978年5月11日头版

2. **中观环境**

中观环境主要是指当下的政治文化社会环境、地域文化和风俗环境（中观环境只是与宏观环境相比较而言，在时间尺度和空间规模上都比宏观环境要小）。比如当下的国内政治形势、当下的社会舆论态势，以及报纸所在地域当前的政治文化和社会状况、当前的民俗节庆等。这种环境可以统称为“时令环境”。制度环境的特点是变化缓慢，容易把握，属于环境变量中的慢变量；而时令环境则变化较快，或者是周期性的（如节庆），它是最直接的语境因素，是决定版面话语修辞最直接的环境。时令环境按其内容，可以分为阶段性政治要求、地域文化特点、民风民俗三个方面。

阶段性政治要求。1991年中国共产党建党70周年，《北京日报》从1月1日起，在头版开设了《他是共产党员》专栏，刊登了180位共产党员的事迹。专栏就是一种版面话语修辞，《他是共产党员》这种临时性专栏就很符合当时的政治、社会和文化需要。事实上，每年元旦、春节、两会、五一节、七一党的生日、八一建军节、十一国庆节等时间节点都可能成为一种重要的政治性“时令环境”。当然，时令环境并不等于时间节点上的环境，政治、经济、文化和社会的当前态势和需要都可能单独或共同成为时令环境。还是以前举《羊城晚报》2014年4月20日头版为例，整版除了报眼以外，就只有一条新闻，由“红色娘子军精神·薪火相传”专栏构成（如图6-3）。专栏有主体新闻报道，有追思仪式，还写了卢阿婆生前的生活细节，主图片突出卢业香老人的头像以及战争年代被打断的左手中指，并配以多张极具视觉震撼力的图片，丰富而生动的表现人物的精神风采，达到了内容与形式的高度统一。而“践行社会主义核心价值观”就是“时令环境”，但并不在某一个微观的具体的时间节点上。这就是根据中观环境所创造的一种版面修辞。

羊城晚报
2014年4月 20 星期日
税务总局详解扩大减半征收企业所得税相关问题
小微企业享受税收优惠不用等审批
最后一位红色娘子军战士走了
卢业香老人昨日在海南琼海老家辞世，享年100岁
红色娘子军精神 薪火相传
践行社会主义核心价值观
IPO重启对股市冲击不会太大
华润董事长宋林被免职
刘汉涉黑案一审休庭择期宣判
死亡人数升至15人
遇难人数增至33人
恒大全华班2:1胜绿地
准备擦口水却擦了眼泪
阿婆遗像是红军照
今天上午举行卢业香的追思仪式
阿婆生前常拿出铜锣来摸
附近村民陆续前来悼念
让红色娘子军精神穿越时空光照当下

图6-3 《羊城晚报》2014年4月20日头版

地域文化特点。不同地域有不同的文化环境，比如成都有一种特色文化叫“摆龙门阵”（类似其他地方的聊天），通俗、亲切，不假雕饰，淳朴、自然，恬淡深厚，今天已经成为成都市民休闲文化的重要特色。适应这种地域文化的需要，《华西都市报》最初的副刊名字就叫“街坊”，刊登市井百姓家长里短的故事，相当于市民之间的“龙门阵”，这种版面语言就很适合成都读者的文化口味。北大荒曾经是一个洪荒之地，经过60多年的发展，成了一个大粮仓，形成了独特的北大荒文化，其中有32个民族的人民先后来到这里垦殖。《北大荒日报》策划了一个周末版，以两个通版的形式报道这32个民族在北大荒的生活情况，每一个民族选择一个人物进行报道，并配上人物图片，反映改革开放以来，这里的各民族生活发生的巨大变化。通版四周用国家发行的56个民族的邮票围起来，地域文化特色鲜明、美观大气。[121]

民风民俗。民风民俗属于地域文化的范畴，但由于它是地域文化最集中、最有代表性的反映，是某个地域或某个民族积淀最深的文化符号，所以从“地域文化”中单列出来。报道这种民风民俗，需要进行专门的版面策划，比如采用特刊、通版等形式。这比版面语言要符合地域文化特征，需要采取更积极的版面修辞。比如西昌每年八月要举行彝族火把节，版面语言就必须在内容和形式上创新出彩。

3. 微观环境

版面话语修辞的微观环境包括新闻事实发生的微观环境（事实微观环境）、版面话语与受众之间的“传-受”关系形成的微观环境（传播微观环境）以及由报纸稿件之间的关系和版面空间之间的关系形成的版面环境。事实微观环境和传播微观环境的版面处理与报纸定位的关系更密切，所以放在后面“合位”中去讨论。这里只讨论版面环境。

版面环境是报纸环境变量中的快变量，因为它是每期报纸都必须面对的。按照报纸版面从版到版块的空间构成，版面环境可以从稿件之间的关系、版面之间的关系、版块之间的关系三个方面来分析。

稿件之间的关系。2001年11月15日、16日，《天津青年报》在一版显著位置分别刊发《重庆医院发生爆炸》和《天津长客失火烧死12人》的报道和照片，对两条新闻进行集中处理、并大肆渲染炒作。两条稿件同属于负面的社会新闻，并处于同一版面空间，而且加重处理，会给社会心理产生不良影响。这就是没有注意稿件与稿件之间的关系。

版面之间的关系。头版主要应该刊登国内外重大新闻，《天津青年报》的两条新闻比起同两天的其他新闻而言都不是重大新闻，应该放在社会新闻版。这就是没有处理好稿件的版面分拣以及内容与版面定位之间的关系。把时政新闻放在社会新闻版、把经济新闻放在社会新闻版、把文化新闻放在副刊版等都是没有处理好稿件与版面之间的关系。

版块之间的关系。版块与版块之间也容易出现内容分拣的错误，比如把应该出现在专刊、副刊版面的广告软文，改头换面放在新闻版面刊登。

6.4.2 合位

从报纸来说，所谓合位，就是要符合报纸自身的定位。党报有党报的定位，晚报有晚报的定位，定位不同，版面语言就有差异。从定位理论来说，定位属于报纸的战略问题，包括“可以做什么”“应该怎么做”两个最基本的方面，前者从市场出发，后者从自身出发。从市场出发，就是报纸办给“谁”看，给“谁”提供什么内容，吸引哪些广告客户；从自身出发，就是满足市场需求应该遵循什么原则，主要就是确立办报方针或者办报宗旨。这样一来，所谓报纸版面语言的合位就包括两个方面，即，与报纸办报宗旨的一致性、与报纸市场定位的一致性。

1. 办报宗旨一致性

版面语言与办报宗旨的一致性，主要体现在三个方面，即标题匹配、稿件处理匹配、稿件组合匹配。

标题匹配。就是跟报纸的办报宗旨匹配。《华西都市报》的办报宗旨是“做市民的忠实公仆”，[122] 因此，在标题处理上就要与“市民生活报”的办报宗旨相一致。2003年5月胡锦涛在四川视察，《四川日报》5月16日在头版以《难忘的春天》为题，发表了该报记者采写的胡锦涛在川视察的通讯，副标题是《中共中央总书记、国家主席胡锦涛来川视察记》，标题庄重，寓

意深刻，含蓄蕴藉，很符合《四川日报》作为党报的办报宗旨。而同一天《华西都市报》也在头版头条发表了川报记者采写的同一篇通讯，其标题则是《亲民务实天府行》，内容直言胡锦涛来川视察的精神实质，明白显豁，朴实自然，符合市民报纸的特点；同时采用文言句式，风格典雅、洗练，符合新闻的内容特征。两报的处理方法都很切合自身办报宗旨，同时又适合新闻题材。

稿件处理匹配。稿件处理匹配是就单篇稿件而言。一是稿件内容处理得当，包括事实的处理、新闻发生的微观环境的处理；二是稿件在版面中的空间位置和大小得当。2003年2月20日成都有一条轿车飞进干鱼塘的新闻。《天府早报》写的是《驾车栽鱼塘 差点短舌头》，没有图片、也没有小标题，放在A8版的中间位置，版面语言单薄、平淡。《华西都市报》标题是《轿车飞进鱼塘中》，在第5版中右区做了简单报道，没有小标题，没有图片。成都商报放在B1版“街头”（从“社会新闻分出来的版面”）头条，标题是《“短头路”上雾蒙蒙，轿车开进鱼塘中，这个司机好不幸——（引题）痛哇！一口咬断自己舌头（主）》；分为三个部分“轰隆，轿车飞进鱼塘中”“保安和路人热心救助”“都是‘断头路’惹的祸”。三家报纸均为市民报，这样的新闻对市民应该是很有吸引力的，因此，《成都商报》把它放在《街头》

街头

B1

成都商报

“断头路”上雾蒙蒙，轿车开进鱼塘中，这个司机好不幸——

痛哇！一口咬断自己舌头

图6-4　“痛哇！一口咬断自己舌头”

版头版头条，在标题右端配发伤者躺在病床上的“痛苦”照片，对稿件内容进行突出处理；而且文头又配置了现场大照片、保安的小照片和行车示意图来再现新闻发生的微观环境。这种版面修辞显然与市民报的宗旨匹配得更完美。

稿件组合匹配。组合，自然是对多篇稿件而言，包括同一版面的内容组合和同一新闻事件的内容组合。华西都市报的《街坊》以通俗易懂、下里巴人的作品为主，如果安排一篇高雅精致、阳春白雪的稿子，就可能影响报纸的市民定位。同一新闻事件的内容组合。比如海湾战争期间，《人民日报》共发表稿件349篇，其中就战争对各国影响的评论报道多达59篇，占总报道的16.9%。这些评论报道中不仅关注战争对经济发达国家的影响，而且更多的关注战争对第三世界国家的影响，反映了《人民日报》坚持“面向全世界，但重点放在为第三世界说话，反映第三世界人民呼声，为第三世界服务”的定位。[123]

2. 市场定位一致性

根据媒介的双重属性，报纸市场定位主要包括三个方面：读者定位、内容定位、广告客户定位。

读者定位。同一内容，甲报可能报道，乙报可能放弃。同一信息，党报可能作为重要新闻，而市民报可能只做简单报道。这些都是因为读者定位不同而分别采用的“轻重”和“取舍”的修辞格。赵希龙先生在谈版面语言的表现方法与技巧的时候，第一个谈的就是“取舍”，他认为“稿件取舍，是编辑部直接借以表达自己的思想、观点和倾向的一种重要的方法，因此，取舍是版面语言的一种重要的表现手段”。[124]从修辞学的角度来说，取舍本身就是一种言语行为和修辞行为，是一种表达自身立场、态度、思想和风格的积极修辞。姚文元当年的反动文章《评〈海瑞罢官〉》，《人民日报》《北京日报》都拒绝刊发，姚不得不拿到上海的报纸去刊登，这种取舍就是一种版面语言，一种修辞手段，表明了北京报纸和上海报纸读者的政治定位已经发生改变（虽然在语言表述上可能是相同的）。事实上，偏离定位的版面语言是经常发生的，从同样定位的报纸对新闻的处理最能看出这一

点。同一天，有一则执法人员没收违规电视接收器的新闻，《华西都市报》的标题《非法出售卫星接收器执法人员暗访一窝端》，《成都商报》的主标题则是《老板耳语：这玩意能收看“黄色录像”》、副题是《我市查处近年最大一起违规销售卫星接收装置案件》。《华西都市报》的标题适合放在法制类报纸上，因其标题内容重点是行为的合法与否（非法出售）和执法过程的特点（暗访、一窝端），这与市民报纸的定位相悖。而《成都商报》的标题则强调了这种接收器特有的卖点（看黄色录像），贴近市民读者日常生活关心的话题，而且刻画了出售者猥琐的形象（耳语），生动有趣；副题中又把最有价值的新闻内容凸显了出来“最大”，并选择了“违规”这种相对准确的表达（而不是“非法”这种词义更重的词语），这与市民报纸的定位就很一致。还有一则新闻也可以看出两家报纸处理新闻时版面语言与自身定位的契合度。成都春熙路一个建筑工地的脚手架倒塌，《华西都市报》在社会新闻版集纳专栏编了一条不足100字的消息，标题是《扣件未扣牢，脚手架倒塌》，而成都商报的标题则是《绿灯亮，脚手架砸向人行道》，而且放在“市民”版做头条。四川过去曾经有一份报纸名叫《警钟长鸣报》，专门报道有关安全生产的新闻。《华西都市报》把新闻重点放在脚手架为什么倒塌上，这样的标题就完全适合《警钟长鸣报》，告诉人们怎样注意安全生产，而不适合为市民服务的都市报纸。《成都商报》没有把脚手架倒塌的原因作为重点，而是放在了倒塌给市民生命带来的威胁上，这是从市民读者的角度去制作的标题；并且对新闻做了加重处理，显示出报纸对市民生命财产的高度关心和报人的人文情怀。像《成都商报》这样的版面语言才能够称得上与读者定位一致，这样的版面语言才能叫做“合位”。

内容定位。内容定位是由读者定位决定的，但相同的读者定位未必有相同的内容定位。同样针对市民的报纸，《北京青年报》与《京华时报》内容定位就不一样；《新闻晨报》与《新民晚报》的内容定位也不一样。所以，在谈了读者定位以后需要考察内容定位。前举《光明日报》《实践是检验真理的唯一标准》发表以后，《人民日报》《解放军报》和很多省级党报陆续转载，而少数省级党报却迟迟不予转载。转载是一种版面修辞行为，不转载就表达了报社及报社背后的党组织对该文的立场和态度，或抵制、或观望、或中立，其内容的政治定位昭然若揭。1994年6月2日，《人民日报》对江泽民总书记游览世界公园的消息加重处理，是从政治、从大局出发，符合中央意图，符合中央机关报的身份。而当天首都其他报纸都没有把这条消息放在最重要的位置。[125]这就是“轻重”的版面修辞，同样体现了版面语言与内容定位的一致性。

广告客户定位。报纸具有双重属性，事业性和商业性。从事业性看，报纸属于准公共物品，往往以低于成本的价格出售给公众；因此，报纸需要进行二次售卖，将读者“卖给”广告客户，以获得价值补偿和价值增值，这就是报纸的商业性。广告属于报业经营的范畴，对报纸质量没有直接影响，但却关系着报纸质量。没有较好的广告收入，报纸质量无力提高，当然，没有较高的报纸质量，也无力提高广告收入，二者是一体两面。因此，评价报纸质量必然要涉及广告。然而，广告属于报纸经营评价的范畴，所以，这里只是对版面修辞与广告客户定位的一致性进行评价，而不涉及全面的广告评价或经营评价。报纸广告收入决定于广告结构，广告结构决定于读者结构，读者结构决定于内容结构。内容结构属于版面篇章修辞，评价内容结构是否与广告结构吻合，就可以评价版面修辞与广告客户定位的一致性。

广告客户定位与读者定位、内容定位有一致性，也有不一致性。报纸要进行二次售卖，亦即将受众卖给广告商；广告商希望自己所购买的受众正是自己产品的目标客户、能够直接阅读到产品信息等。在这种情况下，广告商就很可能依据资本的力量影响传媒内容。比如，要求内容不至于冒犯潜在客户，以免广告商蒙受池鱼之殃；或者与报纸合谋、窜入本为广告内容的新闻稿；或者促使报纸内容于读者定位有所偏离，让读者牺牲时间阅读自己不想、不该接触到的内容，等等。出现这些现象就可能使新闻的客观性和专业性蒙羞。因此，考察报纸广告客户定位与报纸市场定位的一致性，是版面修辞评价的又一重要指标。综合性报纸的服务性版面，如汽车专刊、美容专刊、房地产专刊往往把新闻和广告混同，这是对报纸读者的一种隐性伤害。当然，这个问题比较复杂，这里很难讨论清楚。

6.4.3 合式

前面已经谈过，合式指的就是版面词句色彩和篇章风格与版面题旨情境相契合。按照语言学的理论，词句色彩分为感情色彩和语体色彩两个方面。

1. 词句色彩

感情色彩。不同词句往往具有不同的色彩，如爱憎、褒贬、抑扬、肯定与否定等。版面词句的感情色彩与报道内容相契合就是合式，感情色彩一般体现在三个方面，即标题倾向、词汇选择和稿件组合。

所谓标题倾向就是通过标题的语言选择来体现报纸对于新闻的感情倾向。1935年，日军正在我华北各地寻衅，某日，上海各报收到了外国通讯社发来的电讯稿《日皇遇刺未中》，《申报》《新闻报》均直接以此为标题。而《民国日报》的标题则为《日皇遇刺惜未命中》。前者客观中立、没有任何感情色彩，后者加一“惜”字，直接表达了报纸的爱憎立场。[126]这就是感情色彩的合式。

版面语言的词汇选择过程本身就是一个修辞操作过程，适切的词汇才能表达报纸适切的情感。1962年中印发生边界事件，许多友好国家和政党都发表声明，谴责印度，而苏联《真理报》却发表了社论《谈判是解决冲突的途径》，对中印各打五十大板，貌似客观、公正，实质上是支持印方。当时业已恶化的中苏关系，尚未公开化，《人民日报》自然不能给予针锋相对的还击。怎么办？1962年11月11日《人民日报》转载了这篇社论，却把它编排在第三版右下角（最劣区间），而且用笔画最细的头号仿宋做标题。这种字体字号和版位选择，褒贬色彩十分鲜明，巧妙表达了《人民日报》和我党我国的立场、态度，给读者传递出丰富而又微妙的信息。[127]

所谓稿件组合，就是把内容不同的新闻组合在一起，来体现报纸肯定和否定的感情色彩。民主革命时期，国民党中央社给《文汇报》发了一条消息，内容是国民党军方人员公祭军统特务头子戴笠，编辑看了直接把稿子扔进了纸篓。总编辑徐铸成捡起来加了一个标题“戴笠精神不死”，照发下去，并把它拼在国民党压制工潮和绑架学生的新闻旁边。[128]实质上，徐铸成运用讽刺揶揄的版面语言，对国民党的黑暗统治进行了巧妙抨击，让读者通过稿件版面空间组合的接近性见出新闻的意义。

语体色彩。不同交流对象、不同交流情景和交流内容，需要使用不同的语体。从宏观方面说，语体有政论语体、文艺语体、公文语体、新闻语体等；而在具体的运用中，这些语体又会衍生出更多的子语体。比如根据传播对象的差异，新闻语体还有新华体、市民体、南周体等的不同。而这些体式又会因为传播环境的不同，采取不同的“变体”，如“新华体”就曾经出现了“文革体”和“跃进体”。此外，从传播内容来说，如果是庄重严肃的新闻，市民体就要改变自己轻松活泼、口语化、地方化的体式特征，改用政论语体、书面语体、通用语体。

因此，按照语体的定义，语体色彩的合式包括三个方面，适合读者趣味、适合新闻内容、适合传播环境。

适合读者趣味。《华西都市报》作为一份市民报，总编辑席文举在报纸创刊前就讲“语言要市民化，不要新华体，不要说套话和文件上的话，要变成老百姓的语言。”[129]于是一种新鲜的、适合市民读者文化习惯的新闻语体“市民体”就诞生了。《北京青年报》以北京中青年读者为对象，采用大色块、主色调、浓墨重彩的版面修辞，充分发挥色彩的传情功能，大大赢得了北京读者的青睐。

适合新闻内容。前举胡锦涛到四川视察的新闻，无论是党报还是都市报都采用了典雅的书面语体。而“汶川大地震”各报采用的黑框、黑色大号字和黑版，表现了与内容相适应的版面语体风格。而不同内容的版面也要使用与内容相适应的语体，副刊要用文艺语体、新闻版面要用新闻语体。

适合传播环境。节庆期间，报纸版面语言要使用“取舍”的修辞方式，不刊登与节日气氛不和谐的新闻；即使一定要刊登，也不采用强势版面语言。

2. 篇章风格

报纸由单个版面组成，单个版面之间如果有相同主题定位（或其他内在联系）则组成版块（有的又称叠），一系列版块组成整个报纸。因此，版面语言的表达风格可以分为单版篇章风格、版块篇章风格、整体篇章风格。

单版篇章风格。第26届中国新闻奖获奖版面花落《解放日报》，该报2015年9月4日，对中国人民抗日战争暨世界反法西斯战争胜利70周年纪念活动进行了报道。报纸采用打通第1版和第4版的做法，成功呈现了习近平主席天安门广场大阅兵的盛况（如图6–5）。整个版面呈现出庄严、神圣的气氛，与报道内容本身的性质高度契合。同时版面话语风格雄浑、劲健，与大阅兵的盛大风格相匹配，这就是版式风格的合式。

习近平谈“人间正道”

解放日报

隆重纪念中国人民抗日战争暨世界反法西斯战争胜利70周年

北京天安门广场举行盛大阅兵，习近平检阅受阅部队，宣布裁军30万

正义必胜！和平必胜！人民必胜！

裁军30万

2017年底基本完成

军队总员额减至200万

不会走“国强必霸”老路

国防费需保持适当规模

70 国之先锋

70 国之利器

图6–5　2015年9月4日《解放日报》第一版、第四版

版块篇章风格。2002年10月《北京青年报》将48个版面分成3大叠。1–36版为新闻版面，篇章风格是以象征和平深远的冷色调——蓝色为主色调，理性而沉稳；37–48版为天天副刊，以象征青春和繁荣又偏中性的绿色为主色调，并大量采用彩底白字加色块的修辞手段，感性灵动而富有抒情色彩。系列“时代周刊”则根据内容的性质分别采用黄、绿等不同的颜色，篇章风格以时尚化为特色。这样的篇章风格就完美契合了报纸的读者定位。

整体篇章风格。平面媒体先后出现了四种整体篇章风格，即散拼式、模块式、广告式、杂志式。[130]这些版式还可以采用不同的组合手段，形成不同的版式风格，如《上海一周》以“杂志味”为主，更像杂志，而不像报纸；《申江服务导报》则以模块为主、略带一点杂志味。当然这主要是就版式风格的常规而言，一旦新闻内容需要，报纸就必须打破这种常规，构建与内容相匹配的版面风格。如前举第26届中国新闻奖获奖版面《解放日报》2015年9月4日第一版和第四版。

6.4.4 合美

版面语言总体来说是一种形式语言，所谓版面修辞的合美就是符合形式美的规律。形式美的规律包括比例与黄金分割、单纯与整一、对称与均衡、节奏与韵律、多样统一、协调与对比、视错与仿生等。前面谈过，美是合目的性与合规律性的统一，合目的性就是版面语言很好地表达了新闻的内容，合规律性就是符合形式美的规律。从修辞的角度说，[131]合美包括两个方面：版面要素美和版面结构美。

1. 版面要素美

版面要素美是指，版面语言所使用的词汇、句子都要美，也属于词法和句法的修辞。比如，图片、色彩都是版面语言词汇，也是版面修辞的手段，使用得好，版面可以赏心悦目；使用不好，就可能适得其反。空白可以体现版面空间的节奏感，如果留得不好，就会或拥塞、或松散，无美可言。点、线条和形块也是这样，用多少磅、什么形式、什么颜色，都要从版面内容需要出发，用得太粗，色彩太浓，版面可能产生割裂感；用得太细，或形式不正确，又可能起不到强调某条新闻的作用。不过，词汇美不是孤立的，要依靠句子美。头条是版面语言的一个句法，如果采用多行题，势必留白较多；如果要配发评论，评论可能要加框线；或者把评论和新闻本身框在一起，做成一个模块；还可以适当增加一些词汇（如图片、漫画、花边等）进行美化。这个头条就是一个句子，如果整体很美，相应的词汇也就具有了美感。当然，版面语言也可能出现语病：“青岛有一份报纸曾同时发表两篇新闻：一

篇是对王军霞的独家专访《快乐的东方神鹿》，另一篇是报道比利时出动战机遣返肇事球迷的《足球流氓终显形》，两篇新闻的标题都用红色，后者就传递了错误的情感信息。”[132]属于用词不当。

2. 版面结构美

版面结构美是指由版面词汇、语法和修辞构成的版面整体的美感。前说版面词汇美，离不开版面句子美，同样版面句子美也离不开版面结构美，结构不美，句子焉美？从修辞来说，如果词汇美和句子美分属词法和句法的范畴，那么结构美就是版面篇章修辞，属于章法的范畴，包括版面层次结构、版面版块结构、版面线条结构、版面色彩结构等。

版面层次结构是指通过稿件的主次安排，版面的合理分割，色彩、线条、形状的科学搭配等，形成轻重有别、主次有序、布局和谐的版面空间。

版块结构是指版面各版块之间力的呼应和平衡，版面稿件所占面积有大有小、色彩有浓有淡、字号有粗有细，就会给人造成不同的力的感受，比如左上角是头条、右下角就需要有一条分量较重的稿件，以压住版底，中间还需要分量适当的文稿或图片作为过渡，否则让人觉得头重脚轻、左重右轻，失去均衡之美。

线条是分割、强化、美化版面的重要手段，这些线条的粗细、色彩、形状、方向、明暗等往往有差异，线条之间的各种关系必须协调，以避免视觉冲突，这就是版面的线条结构问题。

最后，色彩有色相、明度、纯度的不同，还有色彩轮和色调、色彩延续对比和同步对比等方面的差异，不同色彩有着不同的情感内涵，这些色彩元素的创意设计，就构成版面的色彩结构美。

总的来说就是，版面稿件处理、稿件配置、图片安排、标题大小、空间位置、力量呼应、线条色彩的运用等要符合形式美的规律，符合报纸内容的要求（合目的性）。

仍以第26届获奖版面《解放日报》为例。首先看层次结构，整个版面无论上下还是左右均采用三段式构图。从上下来看，报纸上半部分，第一版上部，报头右边解放军仪仗队列队行进的局部图片与第四版左边老兵敬礼的背影图片形成对称和呼应；二者之间（第四版报眼）以“习近平谈‘人间正道’”作为整个通版的主题和灵魂，标题用黑体红字、正文用楷体、每段前面用红色方点加以突出。版面修辞轻重得体，主次分明。整个上半部分略占整个版心的七分之一。中部是构图重点，占据了七分之四的版面空间。习近平讲话图片和阅兵图片作为头版头条，是整版最重要的内容，占据整个通版的第一版；第四版则是“70年国之先锋”“70年国之利器”构成的两组图片报道和“裁军30万”的文字报道，图片和文字均采用不同编排手段加以突出。整个中部紧紧围绕“人间正道”有序编排了三大主题，重点突出、文图交替、疏密有致、节奏感强。下部，由于版面采用打通头版和第四版的形式，版面空间比平时大了一倍，这样的版面，版底一定要有坚实的内容才能撑起整个通版，否则就会显得很不沉稳。当天的新闻是很严肃重大的主题，如果版面头重脚轻、飘忽不稳，就会适得其反。而该版以恢弘大气的岸舰导弹方队通过天安门广场的图片作为通版大底图，以七分之二的版面空间，有力地撑起了两个版的内容，把两个版连成了一个有机的整体；而且暗示只有强大的军队才能保护“人间正道”。这就构成了一个主题集中、逻辑清晰、层次分明、富有立体感的版面结构。

其次，版块结构。基于版面上下三段式构图的版面层次结构分析，已经可以看到版块之间力的均衡，再从左右三段式来看，右边是全版的核心，以习近平讲话和阅兵图片为头条，并采用8破5的变栏走文，匹配整版的气势，庄重和谐；中间的“70年”图片单元，则以对角式构图，打破版面横向布局的单调性；左边则以“裁军30万”的新闻报道从上到下占据整个左边中部空间。右边、中间版面的图片和文字都较重，左边“裁军30万”则没有图片，所以采用8破4的变栏、长文的垂直版式，并放大第4版右下角天安门城楼的图片，与头版的变栏、图片和水平版式相呼应，形成了力的平衡以及谐美的版块结构。

线条结构。第四版报眼习近平的讲话，文底用大号红色线条以突出讲话内容的重大价值，中间的两个“70年”则以较粗的蓝色围框线构成一个单独的版块，突出内容在整个版面中的价值，但强调中显然有弱化（蓝色），目

的是为了突出习近平的讲话。左边“裁军30万”的走文方式和垂直版式已经使其新闻价值得到凸显，如果再围以框线就会对版面造成割裂，所以，只在小标题局部采用了细蓝线作为美化的手段。再看构图方向线。中部第一版图片方向线与“70”年图片组的构图方向线形成顺向呼应；而版底岸舰导弹方队的方向线则与中部图片的方向线形成反向呼应，打破了构图的单调性。色彩、粗细、方向的匠心搭配，就构成了结构和谐的版面线条。

版面色彩运用了红、黄、蓝、灰、黑等主要色调，以蓝为背景，红、黑为主色调，再以黄、灰进行点染，肤色之黄与城楼之黄形成呼应，服装之灰、战机之灰、导弹方队之灰形成呼应，很富于美感。这四个方面的完美设计完全实现了版面修辞与内容的统一，合规律性与合目的性的统一。

6.5 版面语言质量评价指标体系

6.5.1 评价模型

版面语言质量的递归层次结构和评价模型如图6–6：

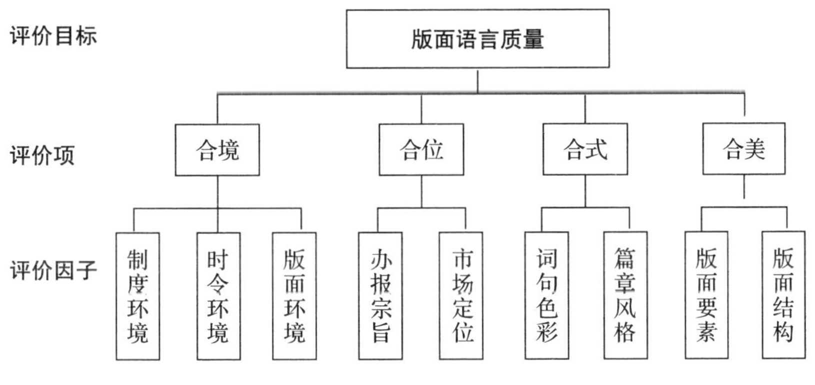

图6–6　版面语言质量评价模型

6.5.2 评价指标体系

版面语言质量评价指标体系如表6–1：

表6-1　报纸版面语言质量评价指标体系

评价项	评价因子	评价因子度量指标项		
合境	制度环境	政治导向	价值导向	舆论导向
	时令环境	阶段政治要求	地域文化	民风民俗
	版面环境	稿件间关系	版面间关系	版块间关系
合位	办报宗旨	标题匹配	稿件处理匹配	稿件组合匹配
	市场定位	读者定位	内容定位	广告客户定位
合式	词句色彩	感情色彩	语体色彩	
	篇章风格	单独版面风格	版块版面风格	整体版面风格
合美	版面要素	词汇之美	句子之美	
	版面结构	版面层次结构	版块结构	线条色彩结构

6.6 评价因子权重及重要性序列

6.6.1 评价因子权重确定

同5.6的层次分析法得出版面语言质量各评价因子的权重如表6-2所示。CR＝0.0019<0.1，说明指标权重设置合理。

表6-2　版面语言质量各评价因子权重

目标	评价项	评价因子	权重
版面语言质量	合境0.4119	制度环境	0.1856
		时令环境	0.1244
		版面环境	0.1019
	合位0.2902	办报宗旨	0.1596
		市场定位	0.1307

续表

目标	评价项	评价因子	权重
版面语言质量	合式0.1675	词句色彩	0.0921
		篇章风格	0.0754
	合美0.1304	版面要素	0.0523
		版面结构	0.0781

6.6.2 评价因子的重要性序列

从理论和经验来看，版面语言质量评价指标的重要性序列应该是：

合境、合位、合式、合美。

“因为从语用的角度来看，要成功实现交际意图，无论是作者还是读者、发话方还是受话方，除了要掌握所使用的语言系统本身，即谙熟如何用该语言的适当形式表达所要传递的意义外，还要了解语境如何对意义选择和形式选择发生作用，因为语言的实际使用对语境是非常敏感的，无论是说什么—表达意义，还是怎样说—形式的选择，都受制于语境的影响。”[133]因此，合境是最重要的评价指标，包括报纸的政治立场、政治觉悟、政治敏感性以及舆论导向、文化价值等都与“合境”密切相关。

合境的各个子特性其重要性序列是：

制度环境、时令环境、版面环境。

符合制度环境是首要的指标。所谓社会效益第一、经济效益第二，或者政治标准第一、业务标准第二等都是要求一切有关意识形态的意识形式、意识工具等都必须把制度环境摆在第一位。时令环境是制度环境中的环境，所以其重要性次于制度环境。而版面环境作为一种微观环境，又受到制度环境和时令环境的影响和制约，所以重要性排在第三位。

合位，“位”是一份报纸存在价值的根基，报纸没有了“位”、或者失去了“位”，就相当于没有了自己存在的理由。而“位”是在“境”的制约下形成的，不合境也就无法合位，如果有不合境的“位”，这种“位”也只能是昙花一现，因此合位在报纸版面语言中的重要性仅次于“合境”，是处于第二位的评价要素。

合位两大子特性的重要性序列是：

办报宗旨、市场定位。

办报宗旨是基于报纸自身的实力、能力以及宏观环境、中观环境的制约，确定自己“可以”做什么；市场定位则是基于客观的读者状况、报纸的市场结构等确定报纸“应该”做什么。“应该”做什么不等于“可以”做什么，只有先确定了“可以做什么”，才能确定“应该做什么”，因为你做与不做，市场就在那里，读者就在那里，但是能不能做，却取决于报纸自身的实力和能力。因此，办报宗旨的重要性大于市场定位。

合式、合境与合位是版面语言最重要的评价指标，前者基于外部环境，后者是基于报纸自身的，而合式则主要与报纸内容和形式相关，因此其重要性次于合境与合位。

合式两大子特性的重要性序列是：

词句色彩、篇章风格。

报纸主要是通过内容来影响读者、影响社会的，词句色彩与内容是密切相关的，而篇章风格则主要是形式方面的问题，虽然它也是由内容决定的。因此，词句色彩的重要性大于表达风格。

合美，美是合规律性与合目的性的统一，孟子说，充实而有光辉之谓美，都包含了美是内容和形式完美统一的思想。在内容正确的前提下，如果版面语言能够通过美的形式使内容更有感染力，就必然可以产生更好的传播效果。但正如黑格尔所说，美毕竟是理念的感性显现，所以，“合美”之“美”更多的是属于版面语言的感性形式，因此，它的重要性在“四合”之中处于第四位。

合美两大子特性的重要性排序是：

版面结构美、版面要素美。

美的感性形式主要是从总体来看的，培根说过，人体若细查，往往一无是处；通观则光彩夺目。这就是指美首先是整体的美，然后才是细节。前面

分析的获奖版面首先都是从整体上去感受的，其他的分析都是基于整体的美来认识的。因此，合美两大子特性的重要性是版面结构美大于版面要素美。

6.7 本章小结

当印刷文字与尺幅空间较大的新闻纸结合，当新闻文本与其他符号系统结合，报纸就形成了具有自身独特性的版面语言，而且这种版面语言是语言媒介的一种子媒介，并且会随着版面语言表达工具的进步朝着更高级的阶段演化。报纸版面语言的质量实质上就是版面话语的质量，版面话语的质量取决于版面修辞，因此，版面修辞的评价标准就是版面语言质量的评价标准。版面修辞的评价标准包括“合境”“合位”“合式”“合美”四个方面，这四个方面又可以分解成不同的方面，它们一起构成了报纸版面语言评价的指标体系。

第七章

报纸发行服务质量评估指标体系

报纸发行处于报纸服务的后端，是构成完整的报纸服务所不可缺少的重要环节。发行服务质量也直接影响到报纸质量，发行服务质量评价指标体系是报纸质量评估体系的重要组成部分。不过，相对于新闻文本评价和版面语言评价，发行服务系统属于一种社会系统，对这种系统的质量评价，比价值系统和价值精神系统更容易操作。

本章对发行服务质量如何评估的问题进行一个尝试性的探讨。

7.1 发行服务在报纸质量体系中的地位

新闻传播生产是一种服务，这种服务是由新闻采集、加工、组合和传播等诸环节组成的。从整体上说，新闻传播同时具有服务的四大特征：[134]

无形性。服务是无形的。报纸报道什么新闻内容、怎样报道，报纸印刷是否会给新闻阅读带来障碍，对于读者来说，都无法预先知晓。只有根据以往消费经历和经验做出有限的判断。

不一致性。报纸今天的新闻报道可能内容很丰富、可阅读的很多，报纸版式设计也很美观，明天则有可能没有多少值得阅读的内容、或者版式很一般。

不可分性。甲报新闻报道时政内容丰富，而乙报提供的则以娱乐性报道为主，这种特色与新闻提供者具有不可分性。这正如演唱会，甲演员演唱的声音和风格，只能是甲演员的，换成乙演员就是另一种声音和风格。

不可储存性。今天报道的新闻就只能今天阅读，到了明天很可能就失去阅读价值了。今天的报纸储存到明天就很难再卖，除非有某种特殊需要。

广播、电视、网络媒介的新闻服务，由于其新闻传播过程与受众接收过程可以是同时的，所以最能体现服务的这些特性。报纸新闻服务的生产、销售和接收虽然是分离的，但同样受上述服务特性的制约。只是报纸的“送达”不是像广播电视那样依靠电波，而是通过“人工传递”来实现的，人工传递的环节就是报纸的发行服务，有了这个环节，报纸才能构成一个完整的服务和服务商品。因此，报纸大密度铺货、送报到家等都是报纸新闻传播满足服务特性所必须采取的手段。[135]既然报纸发行是报纸新闻服务的有机组成部分，那么发行服务质量就攸关报纸整体服务质量。因此，只有搞好发行服务质量管理，才能保证和提高报纸的整体质量。

7.2 发行服务质量SERVSQUAL评价体系

7.2.1 服务质量评价研究现状

世界上，把服务作为一种消费品来研究始于上个世纪60年代，直到80年代初，服务管理和营销的理论才真正诞生。它的一个重要标志就是芬兰经济管理学院教授、北欧学派的代表人物克里斯丁・格罗鲁斯提出了“顾客感知服务质量”的概念，并对其进行了深入研究。所谓顾客感知服务质量，就是顾客对服务的期望与实际服务绩效之间的差距。如果实际服务绩效大于服务期望，那么顾客感知的服务质量就是良好的，反之亦然。

时至今日，格罗鲁斯有关顾客感知服务质量和差异结构的分析方法，仍然是服务质量管理研究最为重要的基础理论，人们一直沿着格罗鲁斯的理论路线不断探索服务质量如何评价的问题。三十多年过去了，学者们提出了加权绩效评价方法、关键事件技术、Q矩阵、归因模式、价值曲线评价方法、

“非差异”评价、动态模式、SERVSQUAL、SERVPERF等服务质量评价方法，这些评价方法都有一定的应用价值，比如关键事件技术、价值曲线评价方法从管理的角度来说都很有实际意义。但其中影响最大、得到的认可和应用最多的则是美国服务管理研究组合PZB（A.Parasuranman，Zeithaml，V.&L. Berry）1988年提出和发明的SERVSQUAL（顾客感知服务质量评价方法）。虽然克罗宁和泰勒1992年提出了SERVPERF（绩效感知服务质量度量方法），但它也仅仅只是舍去了SERVSQUAL的差异比较方法，并且在度量过程中不涉及加权问题，简化了SERVSQUAL评价体系，而在大多数方面（如问卷设计和问项）都与SERVSQUAL完全相同，其创新性并不高。因此，本章选择了SERVSQUAL服务质量评价方法来建立报纸发行服务质量评价体系。

7.2.2 SERVSQUAL方法介绍

SERVSQUAL是建立在对顾客期望服务质量和顾客接受服务后对服务质量感知的基础之上的。PZB提出了测量服务质量的五个维度，即：

有形性：包括实际的设施、设备以及服务人员的外表等；

可靠性：员工或组织可靠、准确地履行服务承诺的能力；

响应性：员工帮助顾客并迅速提高服务水平的愿望；

保证性：员工所具有的知识、礼节以及表达自信与可信的能力；

移情性：服务人员关心并为顾客提供个性化服务的愿望。[136]

根据这五个维度，PZB设计了一个包括22个问项的调查表（如表7-1）。首先测量顾客的服务期望，然后测量服务感知，再计算两者的差异，其结果作为判断服务质量水平的依据。

表7-1 SERVSQUAL量表[137]

要素	组成项目
有形性	现代化的服务设备 吸引人的服务设施 整洁的服装和外表 设施与所提供的服务相匹配

续表

要素	组成项目
可靠性	及时完成向顾客承诺的服务 顾客遇到困难时能表现出关心并提供帮助 公司是可靠的 按照承诺的时间提供服务 正确记录相关的服务
响应性	不能指望他们告诉顾客提供服务的准确时间※ 期望他们提供及时的服务是不现实的※ 服务人员并不总是愿意帮助顾客※ 服务人员因为太忙，以致无法立即提供服务、满足顾客的需求※
保证性	服务人员是值得信赖的 在从事交易时顾客会感到放心 服务人员是有礼貌的 服务人员可从公司得到适当的支持，以提供更好的服务
移情性	公司不会针对不同的顾客提供个别的服务※ 服务人员不会给予顾客个别的关怀※ 不能期望员工了解顾客的需求※ 公司没有优先考虑顾客的利益※ 公司提供的服务时间不能满足所有顾客的需求※

注：问卷采用7分制。7表示完全同意，1表示完全不同意。其余数字表示不同的程度。问卷中的问题随机排列。

※表示对这些问题的评分是反向的，在数据分析前应转为正向得分。

PZB后来对这个量表进行了修正和扩展，包括提问方式（把“响应性”和“移情性”中的所有负面性的提问都改为了正面性的提问）、提问用词（如把“应当”改为“应该”），并把问卷设计成一栏、两栏和三栏三种等。对这些改变这里不展开介绍，只就SERVSQUAL方法对于报纸发行的适用性进行一个讨论。

7.2.3 SERVSQUAL方法的适用性

无论是SERVSQUAL还是SERVPERF，认可这两种评价方法的人都认为这它们都具有跨行业的适应性，那么它们是否适用于评价报纸质量呢？第三章“3.3.3”已经对这个问题进行过简要的说明，这里再做更详细的讨论。

2002年天津商学院韦福祥教授、南开大学韩经纶教授组织了迄今为止唯一的一次报业服务质量调查，从其结果看，SERVSQUAL方法对报业并非完全有效。[138]

第一，从评价结果来看，无论是SERVSQUAL还是SERVPERF，报纸得分最高的是第二个维度“可靠性”，而第一个维度“有形性”与“可靠性”之间的差距非常大。为什么可靠性得分最高呢？因为报纸的功能是守望环境，如果报纸有关环境变动的信息并不可靠，或者报纸没有把这种信息及时传达给读者，那报纸就失去了存在的意义。至于报纸用什么机器印刷的、纸张质量如何、卖报车辆好不好、报箱做得美不美观等并不重要，因此，有形性对于报纸读者来说，并没有什么实质性的意义。

第二，使用SERVSQUAL以及SERVPERF方法，其评分全部都是由高起，而且分数的波动性很大，测评数据的稳定性较差。我们认为，出现这种结果的原因就是，报纸新闻服务本质上属于非接触性的，而无论SERVSQUAL还是SERVPERF，评价对象都主要是接触性服务，用这种指标去衡量报纸质量自然会产生随意性的数据，评分高起和波动性都因此而生。

第三，对服务质量各维度重要性的认识，报业的排序是：保证性、可靠性、响应性、移情性和有形性，这与PZB的排序显然有很大的差异（见表7-1）。也就是说，对有形性的关注度很低，报纸是如何生产的、采用什么设备生产、报纸是如何印刷出来的等，报纸读者并不关心，他们关心的只是结果，亦即报纸内容的质量，保证与可靠都恰好与内容相关。

最后，由于接触性低，报纸发行过程中，发行人员甚至根本不需要与报纸读者接触，所以移情性的要求也很低。

因此，韦福祥教授们认为，这两种方法“如果不经过大幅度的调整，对该行业的顾客（读者）是没有什么意义的，如服务人员的着装问题等。”[139]而根据报纸新闻服务的特征，我们认为，对于报纸这种以提供精神产品为核心的非接触性服务而言，即使调整这些指标，也无法用来评价报纸质量，除非另起炉灶，建立报纸功能质量的评价指标体系，而这也正是本书的任务。

当然，这次调查是针对一份报纸整体对读者的服务质量来展开的，并不是专门就报纸发行来做的实证研究。但我们认为，即使对报纸发行来说，这两种方法也需要进行调整和改造，才能适应报业服务的特殊性。

7.3 报纸服务的特性

按照美国营销学家肖丝丹克对服务的分类，报纸所提供的服务附带有有形产品，销售的标的物主要是一种非实体性的东西。这种有形物就是印刷好的新闻纸，非实体性东西就是信息。这种服务有什么特点呢？美国亚利桑那大学蔡斯教授根据顾客与服务体系的接触程度，把服务分为高接触度服务和低接触度服务。服务体系为顾客服务的时间与顾客必须留在服务现场的时间有一个比率，这个比率越高，接触度就越高。接触度高就是高接触度服务，反之亦然。从服务过程与服务结果来说，低接触度的服务有什么特点呢？瑞士洛桑国际管理发展学院访问教授洛伍劳克把服务行动的类型分为“有形行动”和“无形行动”两类，所谓无形行动是指行动的对象是无形的，比如教育服务和广播服务。由这种无形行动所提供的服务就是低接触度服务。洛伍劳克把无形的服务又分为两类：针对顾客思想的服务、针对顾客无形财产的服务。接受无形服务的顾客本身必须在服务现场或者服务能够影响到的范围内，如广播信号能够接收到的地方。报纸所提供的显然是属于针对顾客思想的无形服务。对于由无形行动提供的服务来说，顾客在遥远的地方接受服务，与服务人员、设施无接触或者接触程度非常低，如顾客通过邮件、电话接受信用卡公司服务，对这类服务来说，服务结果很重要，服务过程可能无关紧要。[140]

综合上述观点，报纸服务是附带有有形产品，而销售的则是非实体性产品的一种服务商品，这种服务是由无形行动提供的、低接触度的思想（新闻）服务。其结果质量比过程质量更重要。

结果质量是北欧学派对质量的一种划分，结果质量又叫技术质量，它是指服务结果或产出质量，即在服务交易或服务过程结束后顾客所得到的实质性的东西。由于结果质量是顾客实际感知的质量，可以用一些技术指标来衡量，所以顾客通常可以做出比较客观的评价。[141]过程质量又称职能质量或功能质量，是指顾客是如何接受或得到服务的。顾客对功能质量的评价是一种较为主观的评价，顾客不同，评价往往就会不同。同一份报纸，甲读者可能认为其服务过程很好，而乙读者可能认为不够好。这与服务人员的服务态度、服务方式、仪态仪表，以及顾客的性格、思想、经历、以往接受服务的经验、接受服务时的情绪等都有关系，一个豁达大度的顾客，可能对微小的失误会给予宽容和谅解，而一个狭隘的顾客则可能斤斤计较。

就报纸而言，其结果质量或曰技术质量就是报纸新闻文本的质量，而功能质量或曰过程质量就是报纸发行的质量。报纸的结果质量比过程质量更重要，因为报纸是传播新闻的，新闻文本的质量显然比发行过程更重要。如果报纸办不好，再好的发行服务于报纸质量而言也无济于事。当然，在结果质量很好的情况下，过程质量是实现结果质量最重要的环节，如果过程质量缺失、或者服务不到位，将严重影响结果质量的实现。而且由于过程质量是一种主观质量，这种主观质量也很可能成为评价结果质量的一个因素，特别是，当一地有多种同类、同等质量的报纸可以选择的时候，这种过程质量会直接影响到结果质量的评价，并且成为报纸竞争的一个主战场之一。英国学者约翰·斯通和里斯（Johnston.R.and D.Lyth）把赫兹伯格双因素理论引入到服务质量研究领域，就认为，结果质量类似于保健因素，缺少会引起顾客不满，而改善也不会对顾客满意度起到明显的促进作用；而过程质量类似于激励因素，它的改进对提高顾客满意度效果显著。[142]

其次，由于报纸服务的无形化程度很高，越是无形化程度高的服务，其复杂性程度也就越高。临时购买一份报纸，如果还没有阅读，就不知道今天的报纸是否能够满足我们的需求，订购一个月、一年的报纸，我们都无法预知这份报纸的使用价值是否至少能够等价于我们支付的价值。因此，专家们认为，对于复杂性程度较高的服务来说，结果比过程更重要。“顾客在购买前越难预见其服务结果，从而对结果质量就会更加看重。”[143]但是，如何才能增强顾客购买企业或组织复杂服务的信心呢？格罗鲁斯在提出结果

质量和过程质量之后，提出了企业形象和声誉对顾客感知质量的重要性，她认为，企业形象能够发挥过滤器的作用，良好的企业形象可以提升顾客对结果质量的预期，减少顾客对企业或组织未来服务质量不确定性的担忧（这也是前面第一章，我们认为国家2010版报纸出版质量综合评价指标体系去掉95版“社会信誉质量评价”这一指标是不合适的原因）。在这种情况下，由于过程对塑造企业形象具有重要意义，因此，过程质量的管理就显得很有必要了。

7.4 报纸发行服务的特点

了解了报纸整体服务的特点，下面专门探讨一下报纸发行服务的特点。

首先，报纸是附带有形物的服务，报纸所附带的有形物就是已经印刷好的新闻纸。但是，这种新闻纸本身不可能自动到达读者手中，只有靠发行服务人员及其发行服务系统才能完成。发行服务系统的健全与否，发行人员的服务水平符合要求与否，直接关系到报纸的结果质量是否能够顺利实现。

其次，报纸核心产品的生产与报纸发行是分离的。报纸核心产品生产人员与报纸消费者无接触，而是由非核心产品生产人员——发行人员去实施的（关于报纸核心产品的含义，参见本书参考文献［78］）。报纸的核心产品是由编辑、记者、美工、印刷等环节的人员来完成的，而报纸的这些人员与自己的读者并没有直接的接触，他们把报纸印刷好以后就交由发行人员去发行。这是报纸发行的又一特点。

第三，报纸的生产与消费也是分离的。一般的服务都与服务人员不可分离，因而服务的生产与消费处于同一过程。但报纸却不是这样，报纸的生产过程与读者的消费过程是分离的，读者不知道报纸的生产过程，比如，今天哪些记者发表了稿子、自己喜欢的名记者有没有作品、报纸是哪个总编辑值班、哪个负责版面设计、哪些人负责印刷、哪些人负责校对，等等，这些为读者提供服务的人员，读者一概不知道。而从消费的角度来考察，今天的报纸读者有哪些、他们在哪里读报、他们对今天报纸的反应如何、同城报纸今天哪条新闻的社会反响比较大，等等，本来是报纸核心产品生产人员最应该了解的，但却只有发行人员最能够了解到。但发行人员更愿意了解的却是报纸当天发行服务的质量，如报纸是否及时送达、报纸的印刷是否精美，等等。发行过程与报纸整个服务过程的这种分离，对提高报纸的结果质量是很不利的。

第四，报纸服务与服务对象是低互动性的。很多服务都具有服务的生产与消费同时性的特性，即服务提供过程和顾客享受服务的过程是同时发生的，音乐会、酒店、银行服务、交通服务等都具有这类特点，这个过程是顾客与服务人员之间的一个互动过程。因此，理论上又把服务营销称为互动营销。报纸发行服务虽然发行人员与读者也可能会有接触，但这个互动是简单的：服务人员把报纸递给读者，稍微复杂的就是服务人员上门订报、上门送报，但这个“稍微复杂的”过程同样简单；很多时候服务人员不需要与读者接触和互动，直接把报纸投进报箱。报纸服务与读者之间的互动也往往不是在服务接触点上发生的，比如，过去是依靠读者来信进行互动，而现在不需要读者来信了，而是通过手机通讯或者报纸手机客户端来实现互动。

7.5 服务评价维度的简化

基于对服务质量问题和报纸服务质量特殊性的上述讨论，依据SERVQUAL评价维度，可以对SERVQUAL模型进行重构，以更适合对报纸发行服务的评价。

从PZB的五个维度的内容可以发现，如果把服务作为互动营销来认识，那么从宏观层面，我们认为，可以把五个维度简化为四个维度，即：

服务硬件条件维度：有形性就是互动过程中所需要的外部硬件条件。

服务软件条件维度：保证性可以看做是服务的软件条件。它是员工为顾客服务所必须具备的素养和素质保证；同时也是服务人员在与顾客互动的过程中，树立良好企业形象的保证。

服务过程行为维度：响应性和移情性都是对互动的过程中员工行为的要

求。响应性是基本的、最低的行为要求，就是在服务过程中顾客有什么要求员工要主动回应，尽管这种回应是被动的，但要以满足顾客需要为目标。这是企业“适当服务”的状态。移情性是在基本服务以外，对服务人员较高的服务要求，就是员工不仅要主动满足顾客对服务过程中提出的明确要求，而且还要善于发现顾客没有明确提出的、潜在的要求，并给予积极的关心和帮助。这种移情是主动的，对于服务是建设性的，这种是“理想服务”状态。[144]

服务结果（或者技术）维度：可靠性则是对于服务的总的要求，既包括服务结果的质量（可靠性之5. 之7. 之8），也包括服务过程的质量（可靠性之6. 之7），甚至还包括服务管理的质量（可靠性之9）。因此，服务质量评价的五个维度可以变成以下评价维度的宏观模型（如图7–1）。

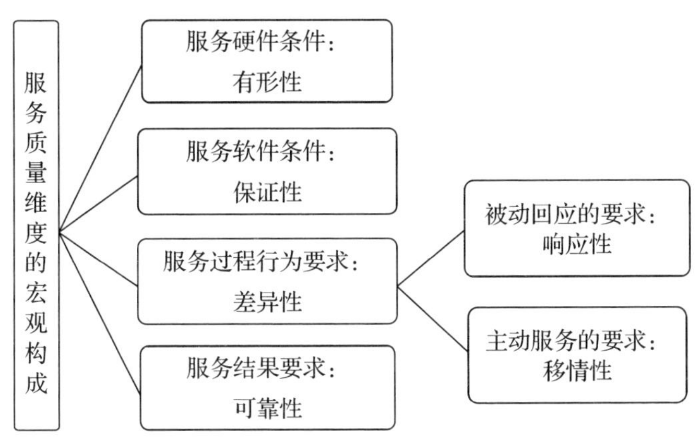

图7–1　服务质量评价维度的宏观层次结构

7.6 报纸发行服务质量的指标构成

从报纸发行的实际情况看，报纸在这五个方面最不重要的是有形性，因为报纸的核心产品是传播信息，报纸的有形性再好，如果报纸的核心产品质量不高，仅靠发行是走不出去的，但是作为服务质量评价体系的必要要素，有形性尽管在报纸发行服务中所占权重不大，也是必须进行评价的，具体可以用方便性、吸引性、专业性等指标来评价。其次是可靠性（这里不再研究报纸本身的文本的质量，而是研究报纸发行服务的可靠性问题），对于报纸而言，发行服务的可靠性可以通过及时性、准确性、完整性、可审计性几个指标来评价。由于报纸发行的互动过程相对较少，韦福祥们的调查结果已经指出了移情性在报纸发生过程中并不具有重要意义，因此，我们完全可以把响应性和移情性归并，称为“差异性”，差异性可以使用主动性、适应性、互动性指标来评价。保证性则包括规范性、礼貌性、支持性等评价指标。

下面对这些指标进行详细的阐释。

7.6.1 有形性

有形性是指与服务有关的有形因素，这些有形因素是发行服务实现的硬件条件。主要包括方便性、吸引性、专业性三个方面。

1. 方便性

方便性包括三个方面：

位置合适性，包括送报上门和零售两个方面，送报上门要把报纸放在适合读者拿取的地方，门卫、报箱、小区邮箱、直接送到家等都是适合的位置，对不同的读者来说，对放报的位置要求是不一样的。

时间合适性，是指适合读者拿取报纸和阅读的时间。报纸送早了，读者还没有到，晚了，又可能错过。早了，影响服务人员的工作，晚了，错过最佳读报时间。所以时间需要一种方便性：方便读者拿报、方便读者阅读报纸，也方便服务人员服务。

叠放秩序合适性，为了方便读者阅读，按一定的秩序把报纸叠放好。最基本的就是要按照版序叠放，不能随意叠在一起；其次，尽量按读者的阅读兴趣叠放，有些读者最喜欢先阅读时政新闻就要把时政新闻放在前面，有些读者喜欢阅读体育新闻，就应该把体育新闻放在前面，还有的读者喜欢看证券新闻，最好把证券版放在前面，等等。

2. 吸引性

吸引性包括员工仪表、报纸外观和品牌形象三个方面。

员工仪表自然要求干净、整洁，着装朴实、正规。而报纸外观则要漂

亮、美观，不能显得凌乱、缺乏美感。品牌形象在格罗鲁斯的模型中得到强调，对于报纸来说，主要是报纸品牌名称、品牌符号等组成的外部形象，当然这个品牌形象，是以这些外在形象为依托，在读者心中与报纸消费的经验感受（包括发行服务享受在内）一起构成的综合形象。

3. 专业性

专业性包括服务流程专业性、人员专业性和工具专业性三个方面。

服务流程专业性是指报社对发行服务过程进行了严格的服务设计，这些设计是按照服务的特性，对每一个环节都有服务步骤、服务方法、服务规范的严格规定，还有服务异议的处理方法，等等。人员的专业性是指人员不仅熟悉发行业务的专业规范，而且熟悉报纸业务的专业规范，除了让读者读报以外，还可以从报纸专业的角度对读者的阅读给出专业的意见和建议。工具的专业性，是指发行用的车辆、发行包等适合报纸发行，不会因为日晒雨淋、风霜雪雨而影响报纸的外观质量。报箱也能够保证报纸的安全性，不遗失；报摊也有一定的可识别性等。

4. 评价因子重要性序列

在方便性、专业性、吸引性三者之中，方便性是最重要的，其他服务业也都把这个特性放在首位，不方便，读者很可能就拿不到、买不到、读不到报纸，报纸新闻服务对这些读者来说，就落空了，因此，方便性是第一位的。专业性仅次于方便性，因为报纸作为一种精神产品，报纸发行人员如果本身对报纸业务很专业、服务也做得很专业，这对于读者认识报纸以及培养他们的忠诚度、树立良好的报纸形象都是很重要的，所以专业性的重要性处于第二位。而吸引性主要是形式方面的，因此处在第三位。即有形性三大度量指标按重要性排序应该是：

方便性、专业性、吸引性。

7.6.2 可靠性

可靠性是报纸有效实现新闻服务的关键因素，因而也是报纸发行服务质量评价的核心指标。可靠性主要包括及时性、准确性和完整性三个度量指标。

1. **及时性**

及时性是报纸发行服务最重要的特性，今天的报纸如果读者错过了阅读时间，新闻很快就成了旧闻，而且事后无法补救，这次服务就是失败的。因此，报纸的及时送达就成为了发行服务分秒必争的事项。是报纸可靠性中最重要的特性。除了送达的及时性以外，就是异议处理的及时性，报纸发行过程中异议的存在在所难免，如报纸缺页，报纸送达不及时，报纸被偷，报纸印刷不过关等，对于这些异议，也必须及时、完满地处理，否则就会影响服务质量。

2. **准确性**

准确性就是要把报纸送到真正订阅了该报的读者及其所指定的地点。发行人员把报纸送到非订户手中，而真正的订户却没有拿到报纸的事情也是经常发生的。其次，不仅要送给真正的订户，而且要送到读者手中，有的读者是残疾人，不方便到报箱取报，这样就要求服务人员要当面送报。

3. **完整性**

报纸发行是报纸服务生产的最后一个环节，报纸本身才是这个服务的核心产品，因此，报纸的完整性是报纸发行服务的价值所在。完整性包括版面干净没有污损、版面完整没有缺漏。版面干净没有污损，不是指印刷的污损，印刷的污损不在于发行服务人员，而在于报纸整个服务链条中印刷环节的质量管理。这里的报纸没有污损，指报纸到达发行人员手中以后，没有被再次污损，譬如刮风下雨都可能污损报纸，保证报纸没有污损必须对服务的有形因素进行周全的考虑和设计。版面完整没有缺漏也属于发行服务的任务，报纸在分拣的过程中，往往可能出现缺版现象。作为一个完整的报纸，如果出现缺版现象，这个核心产品出了差错，整个服务也就有了缺陷。

4. **评价因子重要性序列**

可靠性作为整个发行服务质量评价的核心指标，其三大指标的重要性序列依次是：

及时性、准确性、完整性。

报纸是易碎品，如果读者不能及时读到相关的新闻，报纸就失去了新闻服务的价值，所以及时性是第一位的。准确性是及时性的重要保障，如果不准确，读者可能照样拿不到报纸，也读不到新闻。因此，准确性是第二位的。及时性和准确性都是就报纸服务过程而言的，属于报纸新闻服务的功能质量，而完整性是就报纸本身来说的，属于报纸新闻服务的技术质量。当然，出现报纸不完整这种技术质量问题是很少的，所以尽管完整性属于技术质量，但其重要性在发行服务的可靠性中还是处于第三位。

7.6.3 差异性

差异性是实现报纸发行服务质量的软件条件，是报纸发行可靠性的保障。罗赫巴就直接把服务质量分为人员质量、过程质量和结果质量，[145]无论是响应性还是移情性，实质上主要都是指人员质量。人员质量可以分为主动性、适应性、互动性三个方面来评价。

1. 主动性

主动性是指主动为读者提供服务，包括主动回访、主动服务、主动创新三个方面。首先要主动回访。服务过程中读者的要求可能会发生变化。对于这些变化需要服务人员主动去了解，这些内容包括对报纸内容、报纸印刷的新要求，一些读者或者因为工作变动、或者因为家庭住址发生变化，可能要求改变送报地点等，这些都需要通过回访来掌握。其次是主动服务。当了解到读者的工作、生活发生变化以后，要主动改变自己的发行服务方式。第三是主动创新，如在服务过程可以帮助一些行动有困难的读者提供送米、送奶等服务。

2. 适应性

适应性就是服务要适应读者的要求。有些残疾人士、老年人、卧病在床的人也很想订阅，这类读者就会有特殊的发行需要，这时，发行人员就要适应这些特殊需要。还有的读者有个性化很强的需要，比如，一些集报的人要求某个内容的报纸、号外，或者改版当日的报纸等，发行人员就必须了解这些人的需求，及时告知这些人，给予主动的服务。有的读者居住地可能交通不便，但也很想阅读报纸，对这种特殊环境中的读者也要适应他们的订报需求。有的区域报纸分散、投递路径长、投递效率低，发行人员同样要建立起适应性。

3. 互动性

主动回访、主动服务等都是一种互动，这里的互动专指异议处理和维护客户忠诚。这里的异议处理与前面说的异议处理的及时性这个时间概念不一样，这里指的是一种技能技巧。异议有很多种类型，如需求异议、财力异议、权力异议、质量异议、价格异议、信用异议、交货期异议、对发行服务人员自身的异议、购买时间异议、利益异议、政策异议等。异议处理的方法和技巧很多，如间接处理法（又叫但是处理法）、利用处理法、询问处理法、补偿处理法、不理睬处理法、预防处理法、更换处理法、定制式处理法等，这些都是发行人员必须熟悉的处理方法和技巧。维护客户忠诚也可以说是维护客户满意，它也是一种技巧。报社最大的任务是读者价值最大化，而不是报社价值最大化。读者价值最大化是报社价值最大化的前提，当读者价值最大化以后，报社的社会效益、经济效益才能顺利实现。报纸维护客户忠诚或客户满意就是要通过各种途径，充分了解读者需求，维护读者对报社的忠诚度。“顾客不会去评估你的产品或服务本身具有的优点，它们要将你的产品或服务的品质与他们的期望进行比较，并且在你获得顾客的过程中，它们开始逐步提高它们的预期，如果顾客的预期已经超过了产品或服务能够满足的水平，那么，这个顾客就会离开。”[146]

4. 评价因子重要性序列

差异性主要是对报纸发行人员服务过程的要求，三个度量指标的重要性序列是：

主动性、适应性、互动性。

主动性是对发行服务人员最根本的要求，只有主动地提供服务，甚至创造性地服务，才能真正让读者享受“自己是上帝”的感觉，读者才能感到自己的地位和价值。适应性实质上是主动性的延伸，是主动性的特例。互动性是减少顾客异议、处理顾客异议所必需的，在主动性和适应性的前提下，异议是少的，而且处理起来也是更容易的。所以主动性是第一位的、适应性是

第二位的、互动性是第三位的。

7.6.4 保证性

保证性是指员工素质是实现良好服务质量的保障。包括员工个人的品质、服务方面的专业素质等。保证性可以以规范性、支持性、可审计性作为评价指标。

1. 规范性

规范性是服务质量的基本保证，没有规范，服务质量就是空谈。当然这里的规范性主要是指服务专业性的实现情况。规范性又包括过程规范性、语言规范性和行为规范性三个方面。过程规范是服务流程的专业性决定的。在“有形性”中我们也有一项评价指标：专业性，但有形性对专业性的评价是指报社是否制定过有关专业性的标准，而保证性中的专业性则是指是否按照所制定的标准来实施，是否在服务的过程中得到了实际的运用，并变成了一种行为规范，即过程是否按照规定的环节在执行。比如，读者订报以后一般要给读者做一个报箱，一般统一做在单元的底楼，但不是所有读者都愿意。所以，做报箱前，首先要征询读者意见，就是这个服务执行之前的一个规范，这就是过程的要求。所谓语言规范性和行为规范性，是指服务过程中所有发行人员都必须采用标准化的服务语言和服务动作，比如，见到读者就要说：“您好！今天的《XXX》报到了！”同时，使用规范的行为，如双手把叠好的报纸递给读者，读者接过报纸以后再点头致礼等。

2. 支持性

规范性离不开支持性，支持性是规范性的必要条件，或者说是规范性实现的保证。所谓支持件是指报纸对服务人员服务的支持。这些支持包括物质支持，如发行车、发行包、发行办公用品、报箱等一系列物质。还有精神支持，就是对服务做得好、或者主动创新、或者表现出色的发行人员给予精神上的鼓励，如评选先进发行员。最后是成长支持，即给予发行人员成长的空间，满足发行人员对自我实现的需要，如教育培训、增加收入、职务升迁等。从营销学来说，服务除了服务与服务对象之间的互动以外，还包括服务组织内部人员之间的互动，按照科特勒的观点叫做内部营销。内部营销是做好外部营销的前提。支持性特性就是服务组织的内部营销，通过满足组织内部人员的需求，进而更好地满足服务对外部消费者的需求。

3. 可审计性

这是服务管理的必要手段，是服务质量不断提高的保证。可审计性是为了使服务过程具备可追溯性，追溯的目的是发现服务一旦出现失误，能够迅速找出失误的原因，并进行补救或改进。可追溯也是与服务的规范性相联系的，只有具备了规范性，服务才具有可以追溯的条件。因此必须建立一种服务跟踪机制，并保持“服务记录完整性”，对投递服务要进行准确、全面的记录，一方面使服务可以追溯，另一方面可以通过服务记录的总结和研究，不断提高和改善服务。当然，服务记录不仅仅只是投递记录，还包括回访记录、投诉处理记录、服务创新纪录、漏投误投记录、读者反馈（对报纸本身的反馈）记录、报社反馈记录（报社对读者意见的反馈）等。

4. 评价因子重要性序列

保证性是对员工内在素质的要求。三个指标的重要性序列是：

规范性、支持性、可审计性。

规范性是最基本的要求，只有具备了规范性才能实施完美的服务，所以规范性是第一位的。而支持性是报社为了实现规范性，从发行队伍的建设和服务质量的提高出发，为发行提供的系统支持，因此其重要性次于规范性本身。可审计性，则是发行部门自己的工作，这个工作同样有利于提高规范性，但显然次于报社所提供的支持，所以其重要性处于第三位。

7.7 发行服务质量四大评价指标的重要性序列

发行服务质量四大评价指标的重要性依次是：

可靠性、保证性、差异性、有形性。

可靠性是实现报纸新闻服务特点的核心，如果不能做到可靠性，则报纸新闻服务就无法实现。因此，可靠性是第一位的。保证性是对人员的素质

要求，作为一种精神产品，发行人员如果缺乏相应的服务素质，就无法实现可靠性、差异性，所以，保证性的重要性处于第二位。而差异性指标是对服务过程的评价，这个指标是对SERVSQUAL模式中“响应性”“移情性”两大指标的合并，正如韦福祥教授们的调查所指出的，由于报纸服务属于低接触度、低互动性，移情性、响应性对于报纸服务来说，没有多大的意义，因此，差异性的重要性处于第三位。又根据韦福祥教授们的调查，有形性在报纸服务中的意义比响应性和移情性都还小，所以，有形性是报纸发行服务质量评价中处于第四位的指标。

7.8 发行服务质量评价指标体系

7.8.1 发行服务质量评价模型

依据前面的讨论，报纸发行服务质量评价的递归层次结构和评估模型可以用图7–2表示：

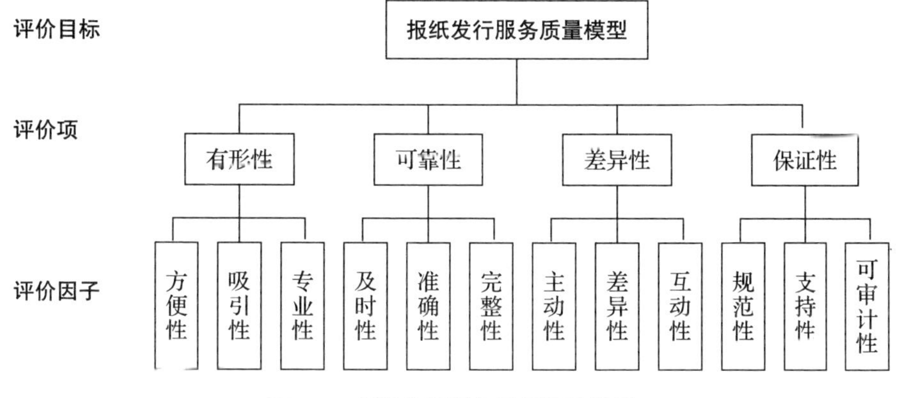

图7–2　报纸发行服务质量评估模型

7.8.2 评价指标体系

根据前面的论述，可以构建报纸发行服务的评价指标体系如下（表7–2）

表7-2　发行服务质量评价指标体系

评价项	评价因子	评价因子度量指标项		
有形性	方便性	位置合适性	时间合适性	叠放秩序合适性
	吸引性	员工仪表	报纸外观	品牌形象
	专业性	工具专业性	服务流程专业性	人员专业性
可靠性	及时性	送达时间及时性	异议处理及时性	
	准确性	送达地点	送达目标客户	
	完整性	版面干净没有污损	版面完整没有缺漏	
差异性	主动性	主动回访	主动服务	主动创新延伸
	适应性	特殊需求	特殊个性	特殊环境
	互动性	异议处理	维护客户忠诚	
保证性	规范性	过程规范性	语言规范性	行为规范性
	支持性	物质支持性	精神支持性	成长支持性
	可审计性	服务过程可追溯性	服务记录完整性	

7.9 评价因子权重确定

同5.6采用层次分析法得到报纸发行服务质量各评价因子的权重，如表7-3所示。CR＝0.0019<0.1，说明指标权重设置合理。

表7-3　报纸发行服务质量各评价因子权重

目标	评价项	评价因子	权重
报纸发行服务质量	有形性0.1289	方便性	0.0608
		吸引性	0.0273
		专业性	0.0408

续表

目标	评价项	评价因子	权重
报纸发行服务质量	可靠性0.4500	及时性	0.2123
		准确性	0.1423
		完整性	0.0954
	差异性0.1740	主动性	0.0784
		适应性	0.0526
		互动性	0.0430
	保证性0.2470	规范性	0.1113
		支持性	0.0746
		可审计性	0.0611

7.10 本章小结

报纸发行是报纸新闻服务的一个必不可少的环节，发行服务的质量也会影响报纸的整体质量。对发行服务质量的评价可以采用通用的SERVSQUAL方法，但由于报纸服务和报纸发行服务的特殊性，需要对这种方法进行改造。本章基于SERVSQUAL的五个维度以及已有的报纸服务质量研究成果，把报纸发行服务的质量分为硬件条件、软件条件、过程要求和结果要求四个维度，分别用“有形性”“可靠性”“差异性”和“保证性”来指称，并分解为12个二级指标，31个三级指标进行评价，它们一起构成了一个完整的发行服务评价指标体系。

第八章 报纸质量模糊综合评估方法

根据前面第二章确定的报纸质量评估“优点取向赋权评价法”，本章建立报纸质量总体评估体系，并采用被各行业广泛认可、广泛使用的层次分析法和模糊综合评价法两两集成，来对报纸 质量进行总体评价。

8.1 报纸质量总体评估体系构建

综合前面各个章节的内容，本章建立了报纸总体质量评估递归层次结构和评估模型如图8-1所示，评价指标体系如表8-1。评估指标体系是由揭示报纸质量属性特点的三层指标因素构成的递阶结构，同层指标之间相互补充、相互独立，体现满足读者的新闻信息服务的需求。

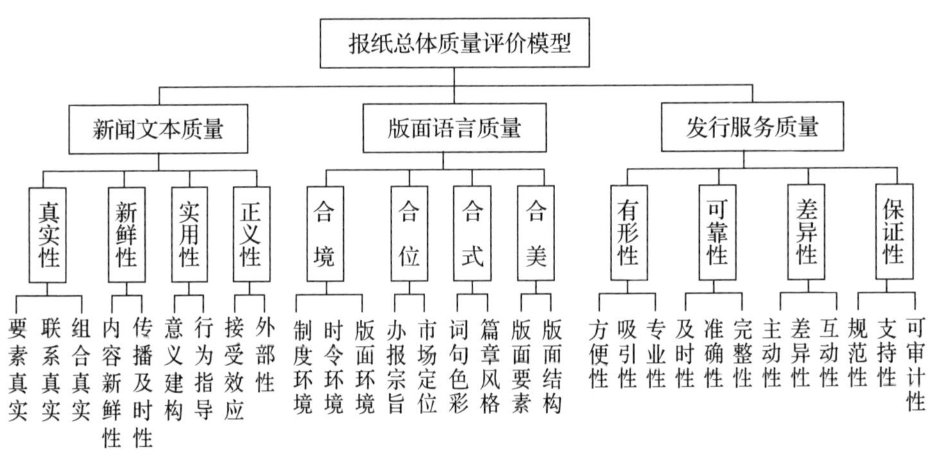

图8-1 报纸总体质量评价模型

表8-1　报纸总体质量评估指标体系

目标层	评价项	评价因子
新闻文本	真实性	要素真实
		联系真实
		组合真实
	新鲜性	内容新异性
		传播及时性
	实用性	意义建构
		行为指导
	正义性	接受效应
		外部性
版面语言质量	合境	制度环境
		时令环境
		版面环境
	合位	办报宗旨
		市场定位
	合式	感情色彩
		表达风格
	合美	版面要素
		版面结构
发行服务质量	有形性	方便性
		吸引性
		专业性
	可靠性	及时性
		准确性
		完整性

续表

目标层	评价项	评价因子
发行服务质量	差异性	主动性
		适应性
		互动性
	保证性	规范性
		支持性
		可审计性

8.2 模糊评判方法和步骤

客观世界存在大量缺乏清晰边界的事物，不是非此即彼，而是亦此亦彼，比如“他长得高”，可能是1.7米，也可能是1.8米，或者其他数据，但相对于2.0米的人来说，他又并不高。“他即高又不高”，这种现象就是模糊现象。模糊数学发明了一套用精确的数学方法描述模糊问题的数学语言，而应用模糊数学评价现实生活中的模糊问题就是模糊综合评价法，它将边界不清、不易定量的因素定量化，运用多个因素对被评价事物隶属等级状况进行综合评价，从而得出有用和有效的结论。报纸质量及其各个评价指标都是属于内涵清晰、而外延不够明确的评价对象，无论是着眼因素还是评语本身都具有模糊性，精确的数学语言无法进行描述，因此，需要采用层次分析法和模糊综合法混合的方法来进行评价。

8.2.1 确定评价集

设n个评价指标，构建报纸质量评价因子集 $U=\{U_1, U_2,\cdots,U_n\}$；

给出报纸质量评价集$V=\{V_1, V_2,\cdots,V_n\}$，每一个等级可对应一个模糊子集。

8.2.2 建立模糊关系矩阵R

在构造了等级模糊子集后，对报纸的每一个评价因子 $u_i\,(i=1,2,\cdots\cdots,p)$ 进

行量化，即确定从单因素来看报纸对等级模糊子集的隶属度$(R|u_i)$，进而得到模糊关系矩阵：

$$R=\begin{bmatrix} R| & u_1 \\ R| & u_2 \\ \multicolumn{2}{c}{\cdots} \\ R| & u_p \end{bmatrix}=\begin{bmatrix} r_{11} & r_{12} & \cdots & r_{1m} \\ r_{21} & r_{22} & \cdots & r_{2m} \\ \cdots & \cdots & \cdots & \cdots \\ r_{p1} & r_{p2} & \cdots & r_{pm} \end{bmatrix}_{p.m}$$

矩阵 R 中第 i 行第 j 列元素 r_{ij}，表示报纸从因素 u_i 来看对 v_j 等级模糊子集的隶属度。报纸在某个因素 u_i 方面的表现，是通过模糊向量$(R|u_i)=(r_{i1},r_{i2},\cdots\cdots,r_{im})$来刻画的，有很多评价方法都是用一个指标实际值来刻画某个评价因子，往往不够准确，而模糊综合评价由于要求的信息更多，评价会更切合实际。

8.2.3 确定评价因子权重向量

体现报纸质量各个要素的重要性并不处在同一层面上，为了区别要素不同的重要性，通常采用权重方法，根据其重要性赋值来表达。权重就是反映某一层指标因素相对上一层指标重要程度的量值，它是对诸多因素的一种权衡。权重设置的科学性，决定评估结果的合理性和可信性。这些都在前面进行过说明。

利用模糊综合评价，确定评价因子的权向量：$A=(a_1,a_2,\cdots\cdots,a_p)$。权向量 A 中的元素a_i本质上是因素u_i对模糊子{对被评事物重要的因素}的隶属度。从而确定权系数，并且在合成之前做归一化处理，即$\sum_{i=1}^{p}a_i=1$，$a_i\geqslant 0$，$i=1,2,\cdots\cdots,n$。

8.2.4 合成模糊综合评价结果向量

利用合适的算子将 A 与各被评事物的 R 进行合成，得到各被评事物的模糊综合评价结果向量 B。即：

$$A \circ R = \left(a_1, a_2, \cdots\cdots, a_p\right) \begin{bmatrix} r_{11} & r_{12} & \cdots & r_{1m} \\ r_{21} & r_{22} & \cdots & r_{2m} \\ \cdots & \cdots & \cdots & \cdots \\ r_{p1} & r_{p2} & \cdots & r_{pm} \end{bmatrix} = \left(b_1, b_2, \cdots\cdots, b_m\right) = B$$

其中 b_1是由 A 与 R 的第 j 列运算得到的，它表示被评事物从整体上看对 v_j 等级模糊子集的隶属程度。

8.2.5 分析模糊综合评价结果向量

最大隶属度原则是最经常采用的方法，但在某些情况下使用会损失很多信息，还有可能得出的评价结果不够合理。于是人们又提出了使用加权平均求隶属等级的方法，这种方法对于多个被评事物可以依据其等级位置进行排序。

8.3 层次分析法确定权重

8.3.1 确定目标和评价因子

设 p 个评价指标，$u=\{u_1, u_2,\cdots\cdots,u_p\}$。

8.3.2 构造判断矩阵

判断矩阵元素的值反映了人们对各元素相对重要性的认识，一般采用1-9及其倒数的标度方法。但当相互比较因素的重要性能够用具有实际意义的比值说明时，判断矩阵相应元素的值则取这个比值，即得到判断矩阵 $S=(u_{ij})_{p\times p}$。

8.3.3 计算判断矩阵

用Mathematica[147]软件计算判断矩阵 S 的最大特征根$\lambda_{\max}$，及其对应的特征向量 A，此特征向量就是各评价因子的重要性排序，也即是权系数的分配。

8.3.4 一致性检验

为进行判断矩阵的一致性检验，需计算一致性指标 $CI=\frac{\lambda_{max}-n}{n-1}$，平均随机一致性指标 RI。它是用随机的方法构造500个样本矩阵，构造方法是随机地用标度以及它们的倒数填满样本矩阵的上三角各项，主对角线各项数值始终为1，对应转置位置项则采用上述对应位置随机数的倒数。然后对各个随机样本矩阵计算其一致性指标值，对这些 CI 值平均，即得到平均随机一致性指标 RI值。[148]当随机一致性比率 $CR=\frac{CI}{RI}<0.10$ 时，认为层次分析排序的结果有满意的一致性，即权系数的分配是合理的；否则，要调整判断矩阵的元素取值，重新分配权系数的值。

8.4 报纸质量的模糊评价过程

在评价指标间的重要性程度有差别的情况下，模糊数学的评价方法很实用。多级模糊综合评价的方法有两种：即一步法（一次性综合评价）和多步法（即逐层进行模糊评价），本章采用多步法。[149]

按照表7-1报纸质量评价指标体系共由3个一级指标（含总印象）与12个二级指标构成，指标的测量可采用李克特量表的方法，利用语义学标度分为4个测量等级：好、良好、一般、差。为了便于计算，我们将主观评价的语义学标度进行量化，并依次赋值为4. 3. 2及1。所设计的评价定量标准见表8-2。

表8-2　评价定量分级标准

评价值	评语	定级
$x_i>3.5$	好	$E1$
$2.5<x_i\leqslant 3.5$	良好	$E1$
$1.5<x_i\leqslant 2.5$	一般	$E1$
$x_i\leqslant 1.5$	差	$E1$

借助抽样调查数据，说明基于层次分析法的模糊综合评价在该方面的应用；确定评价对象的因素集即确定评价指标。所构成的报纸质量指标体系见表8-3。

表8-3　报纸质量两级评价指标及其权重
（表中权重的分配由层次分析法求出）

综合指标	评价指标	权重
A报纸新闻文本（0.7306）	a1真实性	0.3057
	a2新鲜性	0.2845
	a3实用性	0.0428
	a4正义性	0.0977
B版面语言质量（0.1884）	b1合境	0.1062
	b2合位	0.0222
	b3合式	0.0496
	b4合美	0.0104
C报纸发行服务质量（0.0810）	c1有形性	0.0046
	c2可靠性	0.0469
	c3差异性	0.0166
	c4保证性	0.0129

8.4.1 确定评价对象集

P＝某报纸的总体质量

8.4.2 构造评价因子集

$u=\{u_1, u_2, \cdots\cdots, u_6\}$＝{报纸新闻文本，版面语言质量，报纸发行服务质量}

8.4.3 确定评语等级论域

确定评语等级论域，即建立评价集v。

$$v=\{v_1, v_2, \cdots\cdots, u_4\}=\{好，良好，一般，差\}$$

8.4.4 一级指标权重计算

3个一级指标因子权重，我们采用层次分析的方法求出指标权重。构造判断矩阵$S=(u_{ij})_{p\times p}$即：

$$S=\begin{bmatrix} 1 & 5 & 7 \\ 1/5 & 1 & 3 \\ 1/7 & 1/3 & 1 \end{bmatrix}$$

用Mathematica软件计算判断矩阵S的最大特征根得$\lambda_{max}=6.00589$。为进行判断矩阵的一致性检验，需计算一致性指标：

$$CI=\frac{\lambda_{max}-n}{n-1}=\frac{6.00589-6}{6-1}=0.001178$$

平均随机一致性指标$RI=1.24$。随机一致性比率：

$$CI=\frac{CI}{RI}=\frac{0.001178}{1.24}=0.00095<0.10$$

因此，可以认为报纸质量指标的层次分析排序结果有满意的一致性，即权系数的分配是非常合理的。

对应的特征向量归一化处理后为：$A_0=$）（0.7306, 0.1884, 0.0810）

8.4.5 计算二级指标权重

同理，我们仍采用层次分析的方法来求出指标权重。分别对各个二级指标构造其各自的判断矩阵，再用Mathematica软件计算最大特征根和一致性检验。得出合理的权系数。

报纸新闻文本四个指标的权重向量为:（0.3057, 0.2845, 0.0428, 0.0977）;

版面语言质量四个指标的权重向量为:（0.1062, 0.0222, 0.0496, 0.0104）;

报纸发行服务质量四个指标的权重向量为:（0.0046, 0.0469, 0.0166, 0.0129）。

8.4.6 报纸质量多级模糊综合评价

利用加权平均M（•，⊕）模糊合成算子将A与R组合成得到模糊综合评价结果向量B。模糊综合评价常常采用的取大取小算法，在评价因子较多的时候，每一因素所分得的权重往往就会很小。而在模糊合成运算中，信息丢失很多，常导致结果不易分辨和不合理（即模型失效）的情况[150]。所以，针对上述问题，这里采用加权平均型的模糊合成算子。计算公式为：

$$b_i=\sum_{i=1}^{p}\left(a_i\cdot r_{ij}\right)=\min\left(1,\sum_{i=1}^{p}a_i\cdot r_{ij}\right),j=1,2,\cdots,m$$

式中，b_i，a_i，r_{ij}分别为隶属于第j等级的隶属度、第i个评价指标的权重和第i个评价指标隶属于第j等级的隶属度。

通过样本调查，由公式$A_1=a\circ R$可计算出报纸新闻文本、版面语言质量、报纸发行服务质量等指标的评价向量，以此得出综合评价向量A'。整体报纸质量总体的综合评判分值为：V=（4，3，2，1）×A'，如果评价结果为2.6，说明该报纸的总体质量为“良好”，属于$E2$级。

8.5 本章小结

在应用模糊数学对报纸质量进行综合评价时，由于评价指标较多，常用的取大取小算法，常常出现结果不易分辨的情况。采用加权平均型进行评价，会取得较好的效果。在对模糊综合评价结果进行分析时，对常用的最大隶属度原则方法存在有效性的问题，可采用加权平均原则方法对结果进行分析，并可对多指标进行比较排序。

对于权重的确定，目前大多由专家凭经验给出，人为干扰较为严重，导致评判结果的出入。本章在模糊综合评价中采用层次分析法来确定权重。此方法具有较强的逻辑性、实用性和系统性，并能准确地得出各评价指标的权系数。

基于层次分析法的模糊综合评价在报纸质量综合评价与排序研究中得以应用，该模型建立符合实际情形，有利于提高报纸整体水平和可持续发展；模型求解简便，有较好的应用前景和推广价值。

结束语

本课题研究历时6年。2010年底进行课题申报时，拟定使用国际标准的“质量”概念来研究报纸的质量；考虑到报纸本质上属于服务，有别于物质产品等实体商品，所以就决定使用国际上公认的SERVQUAL服务质量评价模型，来建立报纸新闻服务评价指标体系。有了这两种设定的前提，研究工作应该可以顺利、快速地完成。然而，当实质性进入研究工作的时候才发现，关于“质量”这个前提是可以使用的，但与本课题的核心——建立报纸质量评价体系——密切相关的理论，亦即SERVSQUAL却对本课题只有局部的、很小的价值。早在2002年天津商学院韦福祥教授们，就使用了SERVQUAL模式对报纸服务质量进行了评价，其结论或多或少证明SERVQUAL模式并不完全适用于对报纸服务质量的评价。而我们通过自己的研究同样遗憾地发现，SERVQUAL实质上仅仅适用于对报纸新闻服务的一个环节，即发行服务的评价，而无法作为构建全面、系统的报纸质量评价体系的依据。这一发现证明我们在做课题前期论证的时候，对文献的检索是不够周全的，因此，前期论证基本上无法作为后期研究的凭借，必须另起炉灶，才有柳暗花明的可能。

后来的若干时间里，我们反复多次地对报纸媒介的特殊性问题进行了系统全面的思考，并结合“质量”概念来研究报纸媒介的质量构成。面对种类繁多、数量众多的报纸，这个思考过程是十分艰辛的，直到确定了“新闻报道”这个核心属性以后，才增强了我们完成本课题研究任务的信心。

当然，“新闻报道”只是本课题研究的一个逻辑起点而已，从这个逻辑起点开始，沿着报纸自身的特殊性推演报纸的质量，还有一个荆棘丛生、歧路众多的山峰要翻越。我们顺次讨论了“新闻文本”“版面语言”和“发行服务”的质量评估问题，方才到达了建立总体评价系统的目的地。

从内容上说，新闻类报纸并不仅仅刊登新闻，还会刊登文学、绘画、理论等非新闻类作品，为什么不把这些内容纳入评价范围呢？这是因为这些内容不是报纸的固有特性，而是报纸的赋予特性，或者叫延伸特性。报纸和其他文化产品并不是一个泾渭分明的领地，它们之间的区别是模糊的，但对于报纸评价来说，我们只能就其固有特性进行评价，而与其他文化产品交叉的区域则交给相应的评价系统去评价。试图不分主次，不抓主要矛盾，对报纸所有的内容都进行评价的想法和做法都注定是费力不讨好的。

正因为如此，所以从所有类别的报纸来说，本研究只是从“新闻报道”这个主要矛盾出发，来评价报纸质量，至于那些不进行新闻报道的知识类、生活服务类、文摘类报纸则不在评价之列，因为这些类别的报纸，虽然也叫报纸，但只是采取了报纸的形式，并没有报纸的实质，把它们改成小册子、改成期刊，或者其他任何方便的形式，都不会影响其内容的传播；而且它们的内容也不会像新闻那样，很可能产生巨大的社会影响。所以不纳入本研究讨论的范围和评价范围。如果要对这类报纸进行评价同样需要建立另外的评价体系。

如何运用本项目研究成果，进行报纸质量评价呢？一是评价方法依然需要采用前面讨论过的评价指标体系（可以叫做“报纸质量第一级评价指标体系”）和综合评价方法；二是针对不同的新闻类报纸还要设计更加个性化的指标内容。比如，党报与都市报除了都需要采用前面的指标体系来评价以外，还需要根据党报的机关报功能以及非市场化性质、都市报的市民报功能和市场化性质，来建立更具有针对性的第二级评价指标体系。当然，有了第一级评价指标体系，这个第二级评价指标体系的建立是比较容易的。

从逻辑上说，报纸质量如何，主要取决于采访质量、写作质量、编辑质量、组版质量、印刷质量和发行质量，本研究对报纸采访质量、写作质量、编辑质量和组版质量的评价，是通过对其结果“新闻文本质量”和“版面语言质量”的评价来评价的。为什么对采写编评和组版各个环节的质量没有给出评价方法呢？因为对这些方面质量的评价实质上是对报纸质量保障体系的评价，即报纸自身建立的形成性评价体系的评价，更多的属于报纸内部评价应该完成的工作；当然也可以对报纸质量保障体系自身的质量进行外部评价和总结性评价，不过由于目前报纸质量管理普遍都未导入质量保障体系，所以本课题暂时未研究这个问题。而报纸印刷质量由于主要是基于技术层面的评价，如“阶调再现性”“色调再现性”“网点再现性”“不均匀性”等，[151]这些评价的操作性强，而且对报纸整体质量的影响性很小，所以也没有纳入本研究的视野。

广告本来是报纸内容的重要组成部分，但本研究亦未将其列入讨论的范围，因为广告毕竟是报纸的经营行为。当然也可以把广告作为报纸的内容、甚至作为新闻来看待，纳入新闻文本的评价范畴。

至此，我们沿着第二章建构的报纸质量评估体系研究理论模型，以及优点取向赋权评价模型思路，完成了对报纸质量评估体系的初步研究。

当然，本课题研究成果尚未及时进行实证研究，无法通过实践来印证成果的客观有效性和逻辑必然性，因为要采集大量的样本才能得到科学的数据，一家或几家报纸的数据是没有任何意义的，而大量的样本不是一个研究人员可以获得的，需要调动报业行政管理部门的力量才能做到。只有这样，相关指标设定的合理性和科学性才能在评价实践中得到检验，以及不断的修正和完善。

参考文献

［1］孙聚成：信息力——新闻传播与国家发展［M］. 北京:人民出版社. 2006: 174.

［2］苏珊·L·卡拉瑟斯：西方传媒与战争［M］.张毓强等译. 北京:新华出版社.2002:128.

［3］同［2］:124.

［4］同［1］:184—185.

［5］梁衡：新闻原理的思考［M］.北京:人民出版社.1999:245.

［6］新闻出版总署教育培训中心编：报纸出版工作法律法规选编［M］.北京:中国大百科全书出版社.2003:151－154.

［7］同［5］:273.

［8］［美］约翰·杜威：评价理论［M］.冯平、余泽娜等译.上海:上海译文出版社.2007:4.

［9］邱均平、文庭孝等：评价学—理论·方法·实践［M］. 北京：科学出版社.2010:16.

［10］彼得·罗希等著：评估方法与技术［M］.邱泽奇等译.重庆:重庆大学出版社.2007:6.

［11］［美］DanielL.Stufflebeam等：评估模型［M］.北京:北京大学出版社 2007:17.

［12］同［11］:31.

［13］同［11］:35-36.

［14］同［11］:36.

［15］同［11］:37.

［16］［美］威尔伯·施拉姆、威廉·波特著.传播学概论［M］.陈亮等译.［M］.北京:新华出版社,1984.:47.

［17］温碧燕编著:服务质量管理［M］.广州:暨南大学出版社.2013：49-51.

［18］同［17］:49—51.

［19］张隆栋、傅显明编:外国新闻事业史［M］.北京：中国人民大学出版社.1988:3.

［20］［美］米切尔·斯蒂芬斯:新闻的历史［M］.陈继静译.北京：北京大学出版社.2014.43.

［21］同［20］:42.

［22］同［20］:43.

［23］戈公振:中国报学史［M］.上海:上海古籍出版社.2003:37.

［24］同［20］:44.

［25］同［20］:49.

［26］同［19］:6.

［27］［美］R.R.帕尔默等:工业革命：变革世界的引擎［M］.苏中友等译.北京;世界图书出版公司.2010:03.

［28］［美］斯塔夫里阿诺斯:全球通史［M］.吴象婴等译.北京:北京大学出版社.2006:498.

［29］同［28］:500.

［30］同［28］:501.

［31］［美］迈克尔·埃默里、埃德温·埃默里:美国新闻史［M］.展江等译.北京:新华出版社.2001:184.

［32］同［19］:60.

［33］同［20］:141.

［34］同［31］:123-124.

［35］［美］Michael Schudson:探索新闻：美国报业社会史［M］,何颖怡译.台北：远流出版公司,1993:24.

［36］［美］James Parton,The New York Herald ,North American Review 102. 1966:376.

［37］胡太春:中国近代新闻思想史［M］.太原:山西教育出版社.1987:208-210.

［38］陈力丹:精神交往论［M］.北京:开明出版社.1993. 252.

［39］［法］让-诺埃尔.让纳内:西方媒介史［M］.段慧敏译.南宁:广西师范大学出版社.2005:19.

［40］同［20］:103.

［41］同［20］:240.

［42］同［23］:17.

［43］［美］哈罗德·拉斯韦尔：社会传播的结构与功能［M］.何道宽 译.北京:中国传媒大学出版社.2015:37.

［44］肖云：新闻娱乐化的辩证批判［J］.西南民族大学学报.2005.5.

［45］［美］查尔斯·埃德温·贝克:媒体、市场与民主［M］.冯建三译.上海:上海世纪出版集团.2008:19.

［46］新闻学基本知识讲座［M］. 北京:人民日报出版社.1983:167.

［47］邱书航：试论报纸副刊的地位和作用［J］.绵阳师专学报. 1998:4.

［48］［法］皮埃尔·布尔迪厄、［美］华康德:实践与反思——反思社会学导引［M］，李猛、李康译.北京:中央编译出版社，1998:89.

［49］同［45］24.

［50］王晓升等:西方马克思主义意识形态理论［M］.北京:社会科学文献出版社.2009.223.

［51］孙东川、林永福编著:系统工程引论［M］.北京:清华大学出版社.2004.62—66.

［52］［英］切克兰德:系统论的思想与实践［M］.左晓斯等译.北京:华夏出版社.1990.238—298.

［53］［加］埃里克·麦克卢汉、弗兰克·秦格龙编：麦克卢汉精粹［M］何道宽译. 南京:南京大学出版社.2000:286.

［54］同［53］:266.

［55］金岳霖：知识论［M］.北京:商务印书馆.1983:738. 741.

［56］［美］哈罗德·拉斯韦尔：社会传播的结构与功能［M］.何道宽 译.北京:中国传媒大学出版社.2015:37.

［57］［美］利昂·纳尔逊·弗林特：报纸的良知［M］.萧严译.北京:中国人民大学出版社.2005:5.

［58］安子贞：三中全会以来《人民日报》的农村宣传［A］.蒋元椿等：编辑与评论［C］. 北京:人民日报出版社.1984:31–32.

［59］［美］比尔·科瓦奇等：新闻的十大基本原则［M］.刘海龙、连晓东译. 北京：北京大学出版社. 2014.9:43.

［60］陈作平：新闻理论新思路［M］.北京:中国传媒大学出版社.2006:114–115.

［61］刘建明：现代新闻理论［M］.北京:民族出版社.1999:4.

［62］陈力丹：新闻理论十讲［M］.上海：复旦大学出版社.2016:32.

［63］［美］约翰·罗尔斯：正义论［M］.何怀宏、何包钢、廖申白译.北京:中国社会科学出版社.1988:3.

［64］［美］查尔斯·埃德温·贝克：媒体、市场与民主［M］.冯建三译,陈卫星校.上海：上海世纪出版集团 2008:19.

［65］同［64］:65.

［66］同［64］:61.

［67］［英］布莱恩·巴里：正义诸理论［M］.孙晓春、曹海军译.长春:吉林人民出版社.2004:4.

［68］李良荣：新闻学概论［M］.上海:复旦大学出版社. 2016:122.

［69］王卉："市民体":一种重要新闻表现形式［J］.西南民族大学学报.2004.12.

［70］王咏赋：报纸版面学［M］. 北京:人民日报出版社.2006:122.

［71］赵希龙:谈报纸版面表现力［A］.蒋元椿等：编辑与评论［C］.北京:人民日报出版社.1984:65.

［72］马克思、恩格斯：德意志意识形态（节选本）［M］.北京:人民出版社，2003:121-122.

［73］同［71］:77.

［74］同［71］:73.

［75］任俊明、安起民：中国当代哲学史［M］.北京:社会科学文献出版社.1999:372.

［76］［荷］托伊恩·A.梵·迪克：作为话语的新闻［M］.曾庆香译.北京:华夏出版社.2003:87.

［77］韦福祥：服务质量评价与管理［M］.北京:人民邮电出版社.2005:19.

［78］肖云：论媒介新闻传播的产品性质和结构［J］.成都行政学院学报.2010.4:74-91.

［79］［美］比尔·科瓦奇等：新闻的十大基本原则［M］.刘海龙、连晓东译.北京:北京大学出版社. 2014:41.

［80］李良荣：新闻学概论［M］.上海:复旦大学出版社.2016:37.

［81］杨保军：新闻真实论［M］.北京:中国人民大学出版社.2006:73.

［82］同［81］:68.

［83］张世英.进入澄明之境［M］.北京:商务印书馆,1999:201.

［84］孙旭培：新闻学新论［M］.北京:社科文献出版社1993:236.

［85］同［84］:240.

［86］同［84］:238.

［87］同［84］:243.

［88］刘保全：新闻失实的原因及防止措施［J］.当代传播.2003（2）:84-88.

［89］艾丰：再谈宣传性现象［J］.新闻战线.1986.3:39.

［90］同［89］:41.

［91］［美］赫伯特·甘斯:什么在决定新闻.［M］石琳、李红涛译.北京:北京大学出版社.2009:221.

［92］［英］斯图亚特・艾伦：新闻文化［M］.方洁等译.北京:北京大学出版社.2008:118–119.

［93］蒋钦挥：新闻角度与选择［M］.北京:新华出版社.1998:238.

［94］陈作平：新闻理论新思路［M］.北京:中国传媒大学出版社.2006:117.

［95］陈力丹：新闻理论十讲［M］.上海:复旦大学出版社.2016:72.

［96］胡钰：同一新闻不同表述的思考［J］.新闻界1997（5）:22–24.

［97］［美］利昂・纳尔逊・弗林特：报纸的良知［M］.萧严译.北京:中国人民大学出版社.2005:276.

［98］［美］哈罗德・拉斯韦尔：社会传播的结构与功能［M］.何道宽 译.北京：中国传媒大学出版社.2015:37.

［99］［荷］托伊恩・A.梵・迪克：作为话语的新闻［M］.曾庆香译.北京:华夏出版社.2003:85.

［100］同［97］:234.

［101］http://www.sohu.com/a/149637928_390236.

［102］http://news.sina.com.cn/c/236980.html.

［103］佟春生.系统工程的理论与方法概论［M］. 北京:国防工业出版社，2000:185–186.

［104］杜栋等编著：现代综合评价方法与案例精选［M］.北京：清华大学出版社，2008:17.

［105］［美］尼尔・波兹曼：娱乐至死［M］.章艳译南宁：广西师范大学出版社.2004:48.

［106］［美］罗杰・菲德勒：媒介形态变化［M］.明安香译.北京:华夏出版社.2000:2.

［107］杨保军：新闻真实论［M］.北京:中国人民大学出版社.2006：132.
另见：李良荣：新闻学概论［M］.上海:复旦大学出版社：2016：122.

［108］［法］罗兰・巴尔特：符号学原理［M］.王东亮等译.北京:生活・读书・新知三联书店:1999:56.

［109］翰林编译：大众传播理论.台北:台湾风云论坛出版社.1999：121.

［110］刘丽芬、黄忠廉：“语言”“言语”与“话语”三分.［J］中国科技术语.2008:5:32.

另见：范晓：语言、言语和话语.汉语学习［J］.1994年2：2-6.

［111］李幼蒸：理论符号学导论［M］.北京:社会科学文献出版社.1999:113.

［112］陈汝东：论修辞研究的传播学视角［J］.湖北师范学院学报(哲学社会科学版),2004.2.

［113］赵希龙:谈报纸版面表现力［A］.蒋元椿等：编辑与评论［C］.北京:人民日报出版社.1984:72.

［114］李晋荃：“准确性、鲜明性、生动性”是修辞的要求吗？［J］.江苏师范学院学报 1982:1.

［115］程希岚：修辞学新编［M］.长春：吉林人民出版社.1984：2.

［116］汪国胜、柯建刚：修辞效果评价问题的思考［J］华中师范大学学报(人文社会科学版).2003:9:83.

［117］王希杰：修辞学通论［M］.南京:南京大学出版社.1996:342.

［118］李名方：修辞学:言语得体学［J］.扬州大学学报·人文社会科学版.1999年2:36-40.

［119］喻国明:解构民意［M］.北京:华夏出版社.2001:266.

［120］李泽厚：实用理性与乐感文化［M］.北京:生活·读书·新知三联书店.2005:260.

［121］陆书鑫：如何用特色版面语言反映农垦地域文化［J］.新闻传播.2014.10:126.

［122］《华西都市报》1994年11月8日试刊号头版头条.

［123］范鸿达、刘音:《人民日报》对海湾战争和伊拉克战争报道的比较分析［J］.大庆师范学院学报.2016（3）:47.

［124］同［9］:71.

［125］范敬宜：总编辑手记［M］.北京:人民日报出版社.2000.353.

［126］刘为民编著：无冕之王的角逐——世界新闻大战纪实［M］.1992:74.

［127］赵希龙:谈报纸版面表现力［A］.蒋元椿等：编辑与评论［C］.北京:

人民日报出版社.1984::79.

［128］刘为民编著：无冕之王的角逐——世界新闻大战纪实.p80.

［129］席文举：报纸策划艺术［M］.北京:中国社会科学出版社.2000：14-15.

［130］徐锦江：《申》报关键［M］.上海:上海文化出版社.2002:88.

［131］陈汝东：社会心理修辞导论［M］.北京:北京大学出版社.1999：82.

［132］郭兰成：报纸版面语言的作用与创新［J］.青岛大学师范学院学报.2002:.9:28.

［133］司显柱：言语行为框架理论与译文质量评估［J］.外语研究.2005年5:54.

［134］［美］菲利普·科特勒著.梅汝和等译.营销管理——分析计划和控制［M］.上海:上海人民出版社，1996.

［135］肖云：论媒介新闻传播的产品性质和结构［J］.成都行政学院学报.2010.4:74—76.

［136］崔立新：服务质量评价模型［M］.北京:经济日报出版社.2003:173.

［137］王成慧：现代服务管理理论与实践［M］.天津：南开大学出版社.2010:115.

［138］韩经纶、董军：顾客感知服务质量评价与管理［M］.天津：南开大学出版社.2006:177-223.

［139］韦福祥：服务质量评价与管理［M］.北京:人民邮电出版社.2005:146.

［140］温碧燕：服务质量管理［M］.广州:暨南大学出版社.2010：36.

［141］张圣亮、张正明：结果质量与过程质量探析［J］.世界标准化与质量管理 2007:4:32.

［142］同［141］:33.

［143］同［141］:34.

［144］韩经纶、董军：顾客感知服务质量评价与管理.［M］天津:南开大学出版社.2006:78.

［145］温碧燕：服务质量管理［M］.广州:暨南大学出版社.2010：63.

［146］［美］约瑟夫H·博耶特 杰米T·博耶特：经典营销思想.北京:机械工业出版社.2004:150.

［147］刘元高、刘耀儒:Mathematica 4.0实用教程［M］. 北京：国防工业出版社，2000:65-68.

［148］宁晓秋:模糊数学原理与方法［M］. 徐州:中国矿业大学出版社，2004:203-208.

［149］朱小雷、吴硕贤:大学校园环境主观质量的多级模糊综合评价［J］. 城市规划，2002，26(10):57-60.

［150］李安贵、张志宏、孟艳等: 模糊数学及其应用［M］. 武汉:冶金工业出版社.2003:144-146.

［151］唐万有：印刷品质量评价方法［J］.印刷世界.2004（2）:21—24.

后　记

从事新闻学的学习和研究转眼已经25个年头了，曾经热爱和痴迷的哲学、美学、文学和心理学一遍荒芜。如果荒芜适得其所，也无所憾，但起码应该是一边荒芜、一边欣欣向荣才对，而事实恰恰是这一边荒芜了，另一边也是杂草丛生。何以使然？个人觉得从思想的深邃性、学术的趣味性以及所需智慧的丰富性而言，新闻学无法与哲学美学之类的学科同日而语，虽然有人试图构建新闻哲学、新闻美学、新闻心理学之类的理论，而且也出版了专著，封面上往往还写着颇为吓人、惊悚的推荐性话语，但那种牵强附会、生拉硬扯、逻辑混乱，实在是白白浪费了很多读书人的金钱和时间。所以在看过一些新闻学理论著作（往往还是颇有名望的博导写的）以后，每每想起其寡淡贫乏、味同嚼蜡，就对新闻学研究提不起任何兴趣，很有点儿“五岳归来不看山，黄山归来不看岳”的味道。

俗语曰“女怕嫁错郎、男怕入错行”，客观实际如果无法改变，我们唯一的选择恐怕只有改变自己。我老家大巴山深处的一座寺庙门口有一幅对联写得很妙：“将身到此本无路可寻，把心回转则得道皆通”，在看到很多聪明而又智慧的学者却很执着地在新闻学的土地上兀兀穷年、躬耕不辍的时候，虽然替自己当年为谋生计、放弃所爱学科来从事新闻学研究很有些后悔，但这些学者的行为却激励我开始发愤：仅仅说某事存在不足不是什么本事，本事是你说有不足，能拿出解决不足的办法，前者是容易的，后者是难的。

感谢国家哲学社会科学基金给了我学术再生的机会。从课题下达到完成已经几年过去了，正是在这个过程中，我不断的学习和思考，发现了过去所学的许多学科的知识都没有白费，很多理论都是相通的，特别是长期的哲学学习，培养起来的思维习惯和学术习惯更是大有裨益，这本小册子都有所体现。当然，并不是说本书已经找出了解决新闻学学术不足的办法，以我之浅陋，本书只是在这个方面做了一点努力而已。不以我之轻狂为意，乐意对本书稍作浏览的读者当可以看出一些端倪。

也许这本书一问世就意味着书中所建立的评价体系已无法有效实施，因为着手这个课题的时候，如日中天的报纸已经开始西斜，短短几年就暮色如铁了。但是，对文化现象的研究当永远不会过时，哪怕是昙花一现的文化，在人类历史长河中也有它足够的价值。因此，尽管本书的成果可能生不逢时，我还是尽我所能，来构建一个完整的体系，希望其中的许多思考，不仅止于覆瓿，还可以对文化研究以及报纸和媒体研究有一定的参考价值。

四川省社会科学院新闻研究所林之达教授，是带我进入新闻学学术殿堂、引导我走上学术之路的人生导师，在此感恩老师对我一生的影响。

我的爱人梅玫为我创造了一个舒适雍雅、自由自在的读书空间和研究环境，在此感恩多年来彼此以沫相濡、苦乐相随的情怀。

成都行政学院学报编辑部何周富教授、四川交通职业技术学院赵素霞博士为本书的完成贡献了很多心血，我的研究生熊若柳在本书资料收集和查阅方面做了大量工作，谨致谢忱。

新华出版社编辑蒋小云老师为本书的出版尽心竭力，充分为作者和读者着想，谨致谢忱。

肖云

2018年仲夏于草堂南侧“者也居”